CB076876

Dados Internacionais de Catalogação na Publicação (CIP)
(Câmara Brasileira do Livro, SP, Brasil)

Currículo : debates contemporâneos / Alice Casimiro Lopes, Elizabeth Macedo (organizadoras) . — 3. ed. — São Paulo : Cortez, 2010. — (Série cultura, memória e currículo, v. 2) — Bibliografia.
ISBN 978-85-249-0893-4

1. Currículos 2. Currículos – Aspectos sociais I. Lopes, Alice Casimiro. II. Macedo, Elizabeth. III. Série.

02-4982 CDD-375

Índices para catálogo sistemático:
1. Currículos : Educação 375

Currículo:
debates contemporâneos

Capa e Projeto Gráfico: aeroestúdio
Preparação de arquivos: Sandra Ferraz Brazil
Revisão: Ana Paula Luccisano
Composição: aeroestúdio
Coordenação editorial: Danilo A. Q. Morales

Nenhuma parte desta obra pode ser reproduzida ou duplicada sem autorização expressa das organizadoras e do editor.

© by Autoras

Direitos para esta edição
CORTEZ EDITORA
Rua Monte Alegre, 1074 – Perdizes
05014-001 – São Paulo – SP
Tel.: (11) 3864-0111   Fax: (11) 3864-4290
E-mail: cortez@cortezeditora.com.br
www.cortezeditora.com.br

Impresso no Brasil – abril de 2023

SÉRIE CULTURA, MEMÓRIA E CURRÍCULO

volume 2

Alice Casimiro Lopes
Elizabeth Macedo
(organizadoras)

Currículo: debates contemporâneos

3ª edição
2ª reimpressão

CORTEZ EDITORA

Sumário

Apresentação 9

1. O pensamento curricular no Brasil
Alice Casimiro Lopes e Elizabeth Macedo 13

2. O currículo híbrido: domesticação ou pluralização das diferenças?
Inés Dussel 55

3. Uma história da contribuição dos estudos do cotidiano escolar ao campo de currículo
Nilda Alves e Inês Barbosa de Oliveira 78

4. Diferença pura de um pós-currículo
Sandra Mara Corazza 103

5. Tempo e currículo: o quadro de horário e a distribuição escolar das ocupações
Mariano Palamidessi 115

6. Poder, discurso e política cultural: contribuições dos Estudos Culturais ao campo do currículo
Marisa Vorraber Costa 133

7. Conhecimentos escolares e a circularidade entre culturas
Maria de Lourdes Rangel Tura 150

8. Sentidos e dilemas do multiculturalismo: desafios curriculares para o novo milênio
Ana Canen 174

9. A educação que se pergunta pelos outros: e se o outro não estivesse aqui?
Carlos Skliar   196

10. A apropriação educacional das tecnologias da informação e da comunicação
Raquel Goulart Barreto   216

Apresentação

> *Como nenhuma outra especialização em educação, influenciada como é pelas humanidades, artes e teoria social, currículo é uma área interdisciplinar híbrida de teoria, pesquisa e prática institucional.* (Pinar, 1996: 865)

As discussões sobre currículo vêm assumindo maior importância nos últimos anos no Brasil, principalmente em função das variadas alterações que as propostas curriculares oficiais buscam trazer às escolas. Associada a essa centralidade, vemos surgir uma multiplicidade cada vez maior de referências para o campo do currículo, tornando difícil, inclusive, a sua delimitação. Assim, as referências à psicologia, primordiais até os anos 1970, ou à sociologia marxista, que ganhou força na década de 1980, são substituídas por uma variedade maior de perspectivas de análise. Especialmente relevantes são as discussões que apontam para as transformações por que vêm passando as sociedades atuais, nas quais fenômenos de globalização econômica, de mundialização da cultura e de redução das distâncias espaço-temporais convivem com a substituição das identidades-mestras, baseadas na ideia de nação, por identidades locais, muito mais plurais. Nesse contexto, a produção do campo do currículo volta-se para temáticas bastante diversas, algumas das quais abordamos neste livro.

Inicialmente, o texto de Alice Casimiro Lopes e Elizabeth Macedo mapeia as principais tendências do campo do currículo no Brasil, dando especial relevo aos grupos hegemônicos na década de 1990. Na medida em que uma das principais características deste campo parece ser o hibridismo de tendências e de discursos, Inés Dussel nos apresenta uma genealogia do termo, finalizando com uma reflexão das contribuições que esse conceito confere à compreensão das práticas institucionais na área de currículo.

Em seguida, algumas das principais tendências apontadas por Lopes e Macedo são abordadas em textos específicos. Nilda Alves e Inês Barbosa de Oliveira discutem o conceito de rede em suas inter-relações com o campo do currículo, enfatizando as contribuições da pesquisa sobre cotidiano escolar para o entendimento desse campo. Sandra Corazza nos apresenta um panorama das discussões do pós-estruturalismo e de suas contribuições para se pensar o currículo. Mariano Palamidessi nos traz um exemplo da utilização da teorização pós-estruturalista à análise do controle do tempo no currículo escolar argentino numa perspectiva histórica, contribuindo, assim, para o entendimento do campo do currículo na Argentina a partir das práticas institucionais.

Em virtude da atual centralidade da cultura na teoria social e no campo do currículo em particular, reunimos quatro textos que focalizam detidamente as relações entre currículo e cultura. Marisa Vorraber Costa apresenta as contribuições dos estudos culturais para as questões curriculares. Os outros três textos ressaltam mais diretamente a temática da cultura e da diferença. Maria de Lourdes Tura traz a discussão da circularidade de culturas que compõem o ambiente escolar, enquanto Ana Canen nos ajuda a refletir sobre a diversidade cultural presente nesse ambiente. Carlos Skliar, de uma perspectiva pós-colonial, tematiza o lugar do outro na teoria pedagógica. Nas discussões sobre a centralidade da cultura, devem ser destacadas as relações entre tecnologias da informação e da comunicação e o currículo. Raquel Goulart Barreto dedica-se, por fim, a essa investigação, destacando sua apropriação educacional na atualidade.

Com a diversidade de perspectivas que apresentamos neste volume, não tencionamos esgotar o panorama do pensamento curricular contemporâneo, se é que isso é possível de alguma maneira. Certamente, outras temáticas ainda poderiam ser enumeradas. Procuramos, no entanto, selecionar aquelas que vêm se apresentando como mais representativas, aquelas que abrem possibilidades teóricas e metodológicas para uma ampla gama de questões no campo do currículo.

Tencionamos, sobretudo, que esses textos sirvam de base para uma introdução ao campo do currículo, facilitando o tão desejável diálogo entre pensamento curricular e prática institucional. Não se trata de fazer do pensamento curricular a prescrição para a prática institucional, tampouco de considerar que sua função é iluminar a compreensão do cotidiano escolar. Ressaltamos, porém, o quanto se fazem necessários a reflexão e o debate em torno das questões curriculares sem estabelecer dicotomias entre pensamento e prática. Especialmente, visando desconstruir as verdades de um conhecimento que, com o rótulo de oficial, desconsidera muitas vezes tanto a prática quanto o pensamento curricular.

Alice Casimiro Lopes
Elizabeth Macedo

1. O pensamento curricular no Brasil

Alice Casimiro Lopes
Professora adjunta da Faculdade de Educação da Universidade Federal do Rio de Janeiro (UFRJ).

Elizabeth Macedo
Professora adjunta da Faculdade de Educação da Universidade do Estado do Rio de Janeiro (UERJ).

As primeiras preocupações com o currículo, no Brasil, datam dos anos 20. Desde então, até a década de 1980, o campo foi marcado pela transferência instrumental de teorizações americanas. Essa transferência centrava-se na assimilação de modelos para a elaboração curricular, em sua maioria de viés funcionalista, e era viabilizada por acordos bilaterais entre os governos brasileiro e norte-americano dentro do programa de ajuda à América Latina.

Apenas na década de 1980, com o início da redemocratização do Brasil e o enfraquecimento da Guerra Fria, a hegemonia do referencial funcionalista norte-americano foi abalada. Nesse momento, ganharam força no pensamento curricular brasileiro as vertentes marxistas. Enquanto dois grupos nacionais – pedagogia histórico-crítica e pedagogia do oprimido – disputavam hegemonia nos discursos educacionais e na capacidade de intervenção política, a influência da produção de língua inglesa se diversificava, incluindo autores ligados à Nova Sociologia da

> À medida que o poder ficar cada vez mais afastado da influência popular, haverá uma reação popular para adquirir controle local e criar centros de poder e, em última análise, orientar-se no sentido de dissolver o poder central. (Chomsky, in Linhares e Garcia, 1996: 47)

Educação inglesa e a tradução de textos de Michael Apple e Henry Giroux. Essa influência não mais se fazia por processos oficiais de transferência, mas sim subsidiada pelos trabalhos de pesquisadores brasileiros que passavam a buscar referências no pensamento crítico. Esse processo menos direcionado de integração entre o pensamento curricular brasileiro e a produção internacional permitia o aparecimento de outras influências, tanto da literatura em língua francesa quanto de teóricos do marxismo europeu.

No início dos anos 1990, o campo do currículo vivia essas múltiplas influências. Os estudos em currículo assumiram um enfoque nitidamente sociológico, em contraposição à primazia do pensamento psicológico até então dominante. Os trabalhos buscavam, em sua maioria, a compreensão do currículo como espaço de relações de poder. Os estudos que discutiam aspectos administrativo-científicos do campo foram totalmente superados, restando apenas pouquíssimas referências a esse tipo de estudos nos primeiros anos da década, especialmente localizadas na produção em periódicos. Nos textos apresentados em fóruns científicos, a abordagem estava definitivamente superada. As proposições curriculares cediam espaço a uma literatura mais compreensiva do currículo, de cunho eminentemente político. Na primeira metade da década, a ampla maioria dos estudos se encaixava na categoria de texto político, tal como a define Pinar et al. (1995). A ideia de que o currículo só pode ser compreendido quando contextualizado política, econômica e socialmente era visivelmente hegemônica. À exceção de Paulo Freire, a maior parte das referências era a autores estrangeiros, tanto do campo do currículo como Giroux, Apple e Young, quanto da sociologia e da filosofia, como Marx, Gramsci, Bourdieu, Lefèbvre, Habermas e Bachelard.

Nesse período, podemos situar como centrais as discussões sobre currículo e conhecimento. Especialmente no Grupo de Trabalho (GT) de Currículo da Associação Nacional de Pós-graduação e Pesquisa em Educação (ANPEd), mas também em periódicos da área, foram aprofundadas questões referentes às relações entre conhecimento científico, conhecimento escolar, saber popular e senso comum; aos processos de seleção de conteúdos constitutivos do currículo; às relações entre a ação comunicativa, os processos de crítica aos conhecimentos e os processos emancipatórios; a necessidade de superarmos dicotomias entre conteúdos, métodos e relações específicas da escola, sintonizadas com o entendimento mais geral do currículo como construção social do conhecimento. Ao lado das temáticas relacionadas ao conhecimento, temos o desenvolvimento de trabalhos em torno da questão da multirreferencialidade (Burnham, 1993), indicando o campo do Currículo como complexo e capaz de

> O que significa ser cidadão nesta sociedade plural, que vai desde a dimensão de uma sociedade tecnológica de ponta, até aquela outra, de uma república de guabirus? (...) Todo esse questionamento nos remete ao currículo e seu significado na sociedade contemporânea. Remete-nos, mesmo, a aprofundar para melhor compreender, não só a polissemia do termo, como se pode constatar na literatura pertinente, mas ao seu significado como processo social, que se realiza no espaço concreto da escola, com o papel de dar àqueles sujeitos que aí interagem, acesso a diferentes referenciais de leitura e relacionamento com o mundo, proporcionando-lhes não apenas um lastro de conhecimentos e de outras vivências que contribuam para a sua inserção no processo da história, como sujeito do fazer dessa história, mas também para a sua construção como sujeito (quiçá autônomo) que participa do processo de construção e de socialização do conhecimento e, assim, da instituição histórico-social de sua sociedade. (Burnham, 1993: 3)

exigir uma rede múltipla de referenciais para sua interpretação.

No fim da primeira metade da década, a tentativa de compreensão da sociedade pós-industrial como produtora de bens simbólicos, mais do que de bens materiais, começa a alterar as ênfases até então existentes. O pensamento curricular começa a incorporar enfoques pós-modernos e pós-estruturais, que convivem com as discussões modernas. A teorização curricular passa a incorporar o pensamento de Foucault, Derrida, Deleuze, Guattari e Morin. Esses enfoques constituem uma forte influência na década de 1990, no entanto, não podem ser entendidos como um direcionamento único do campo. Às teorizações de cunho globalizante, seja das vertentes funcionalistas, seja da teorização crítica marxista, vêm se contrapondo a multiplicidade característica da contemporaneidade. Tal multiplicidade não vem se configurando apenas como diferentes tendências e orientações teórico-metodológicas, mas como tendências e orientações que se inter-relacionam produzindo híbridos culturais. Dessa forma, o hibridismo do campo parece ser a grande marca do campo no Brasil na segunda metade da década de 1990.

Ao mesmo tempo em que o hibridismo de diferentes tendências vem garantindo um maior vigor ao campo, observamos uma certa dificuldade na definição do que vem a ser currículo. Uma análise das pesquisas brasileiras, assim como da literatura publicada nos últimos anos, demonstra que, sob o descritor currículo, é englobada uma multiplicidade de estudos. Na base de dados dos grupos de pesquisas de uma das principais agências de fomento brasileiras (Conselho Nacional de Desenvolvimento Científico e Tecnológico – CNPq) encontram-se 117 entradas para o descritor currículo, incluindo pesquisas sobre currículo, mas também sobre alfabetização, conhecimento e cultura, inovações curriculares específicas, novas tecnologias e interdisciplinaridade. Dentre os estudos enfocando efetivamente a temática currículo, há trabalhos que se referenciam nas discussões teórico-práticas da área, assim como estudos voltados para propostas de ensino de disciplinas específicas ou cujo viés principal são as teorias construtivistas.

Essa pluralidade de temáticas exige que a definição do campo do currículo supere questões de natureza epistemológica. Campo deve ser compreendido como um *locus* no qual se trava um embate entre atores e/ou instituições em torno de formas de poder específicas que caracterizam a área em questão (Bourdieu, 1983, 1992). Com base nesse entendimento, consideramos que o campo do Currículo se constitui como um campo intelectual: espaço em que diferentes atores sociais, detentores de determinados capitais social e cultural na área, legitimam determinadas concepções sobre a

A estrutura do campo científico se define, a cada momento, pelo estado das relações de força entre os protagonistas em luta, agentes ou instituições, isto é, pela estrutura da distribuição do capital específico, resultado das lutas anteriores que se encontra objetivado nas instituições e nas disposições e que comanda as estratégias e as chances objetivas dos diferentes agentes ou instituições. (Bourdieu, 1983: 133)

teoria de Currículo e disputam entre si o poder de definir quem tem a autoridade na área. Trata-se de um campo capaz de influenciar propostas curriculares oficiais, práticas pedagógicas nas escolas, a partir dos diferentes processos de recontextualização de seus discursos, mas que não se constitui dessas mesmas propostas e práticas. O campo intelectual do Currículo é um campo produtor de teorias sobre currículos, legitimadas como tais pelas lutas concorrenciais nesse mesmo campo. As produções do campo do Currículo configuram, assim, um capital cultural objetivado do campo.

Dessa forma, entendemos que analisar a produção do campo do currículo inclui tomar como objeto o conhecimento produzido por sujeitos investidos da legitimidade de falar sobre currículo. Tal legitimidade é conferida por sua presença em instâncias institucionalizadas, tais como: as instituições de ensino e pesquisa, nas quais atuam como professores, pesquisadores e orientadores; as agências de fomento, em que são pareceristas e definem que tipos de estudos serão financiados; os fóruns de pesquisadores, dentre os quais o mais significativo é o GT de Currículo. A participação dominante nesses grupos vem se constituindo como um dos principais fatores capaz de garantir a legitimidade e a autoridade para falar sobre Currículo.

Nesse sentido, analisamos a produção social do campo entendendo que não é a utilização de determinados aportes teórico-metodológicos que o definem. As relações de poder dominantes nesse campo é que fazem prevalecer determinados aportes em função de seus interesses e objetivos específicos. Consideramos na análise a produção dos grupos de pesquisa institucionalizados que mantiveram produção constante durante a década. Assim, em vez de trabalhar com a produção esparsa de diferentes sujeitos, procuraremos agrupá-la em tendências maiores, salientando o trabalho das lideranças desses grupos. As fontes para este estudo englobam os textos publicados na forma de livros ou em revistas especializadas, os trabalhos apresentados no GT de Currículo nas reuniões anuais da ANPEd, assim como os projetos e relatórios de pesquisa desenvolvidos por pesquisadores das linhas selecionadas como constitutivas do campo.

Hibridismo: a marca do campo do currículo

A partir do recorte de campo do currículo como campo intelectual criado pelas posições, relações e práticas que surgem de um contexto de produção discursiva em determinada área (Bernstein, 1996), analisamos a produção de currículo no Brasil tomando por base os três grupos principais deste período: 1. a perspectiva pós-estruturalista; 2. o currículo em rede; e 3. a história do currículo e a constituição do conhecimento escolar.

Perspectiva pós-estruturalista

A perspectiva pós-estruturalista alcançou destaque no campo do Currículo no Brasil em virtude das produções nessa área oriundas do grupo de Currículo da Universidade Federal do Rio Grande do Sul (UFRGS). Este grupo, liderado por Tomaz Tadeu da Silva e constituído por seus orientandos e colaboradores, vem, desde a primeira metade da década de 1990, produzindo significativamente e conquistando uma inserção expressiva nos congressos educacionais nacionais. O fato de o pesquisador Tomaz editar e traduzir autores internacionais em uma perspectiva pós-estruturalista tem contribuído para a articulação do grupo, por meio do que Bourdieu denomina constituição de um capital social objetivado e institucionalizado[1].

A partir da análise dessa obra, podemos identificar os pressupostos

---

[1] *Desde 1992, o pesquisador Tomaz publicou cinco livros de sua autoria exclusiva, sendo um deles dirigido aos cursos de graduação em Currículo, e organizou, sozinho ou em coautoria, onze livros (Gentili e Silva, 1996; Moreira e Silva, 1994, 1995; Silva, 1992; 1993; 1994; 1995a; 1995b; 1996, 1998; 1999a; 1999b; 2000a; 2000b; 2000c; 2000d). A partir de sua atividade como tradutor, introduziu no Brasil textos de autores como Mc Laren, Apple, Gimeno Sacristán, Popkewitz e Giroux, já bastante difundidos, mas também diversos autores menos conhecidos no país, em sua maioria pós-estruturalistas e de língua inglesa. Os nomes de Cherryholmes, Philip Wexler e Jennifer Gore são uns poucos exemplos desses autores.*

teórico-metodológicos orientadores do trabalho de todo grupo. Silva constitui uma trajetória de publicações que inicia a década ainda incorporando basicamente as perspectivas teóricas histórico-críticas, passando a incorporar, com restrições, as perspectivas teóricas pós-estruturalistas e chegando ao final da década com uma adesão acentuada a essas perspectivas. Sua base teórica mais significativa é Michel Foucault e os estudos culturais, especialmente de Stuart Hall, seguidos dos estudos feministas e das contribuições teóricas de Derrida, Deleuze e Guattari. A incorporação de autores franceses é feita por intermédio de autores de língua inglesa, incluindo, por vezes, a referência às traduções de autores franceses para o inglês.

Em um de seus primeiros trabalhos dos anos 1990 (Silva, 1992), Tomaz Tadeu tem como objeto central a análise das conexões entre os processos de seleção, organização e distribuição dos currículos escolares e a dinâmica de produção e reprodução da sociedade capitalista. Sua análise fundamenta-se em autores como Bourdieu, Althusser, Marx, Thompson e Raymond Williams e, no campo do Currículo, Apple, Jean Anyon, Bernstein, Whitty, Paul Willis e Michael Young. Nesse trabalho, há o repúdio ao pós-modernismo.

Posteriormente (Silva, 1993), a partir da consideração de que sua visão

> Na verdade, não estamos presenciando o triunfo do neoliberalismo e do capitalismo, mas de sua ideologia. É esta talvez uma oportunidade única para a Sociologia da Educação reafirmar sua vocação crítica, denunciando a mistificação representada pela voga liberal e por este *denier cri* ideológico travestido de vanguarda cultural que atende pelo nome de pós-modernismo. (Silva, 1992: 27)

anterior foi um tanto ingênua e apressada, procura efetivar um diálogo entre teorizações críticas e pós-modernas, traçar continuidades e rupturas entre essas teorizações, bem como identificar limites, dificuldades e impasses entre essas perspectivas teóricas. Como continuidades, são identificadas a preocupação em integrar análise e ação política, especialmente centrada em alternativas curriculares, e a contestação ao que se entende como conhecimento e como conhecimento escolar.

A ruptura quanto à interpretação do conhecimento é exemplificada com o fato de que o pensamento pós-estruturalista, ao centralizar questões de interesse e poder, não se limitaria às questões econômicas, mas ampliaria o debate para as questões de gênero, etnia e sexualidade, bem como para a crítica às ideias de razão, progresso e ciência. Outra ruptura nítida expressa-se na ausência, no pensamento pós-estruturalista, de uma visão de futuro: não há possibilidade de uma educação, de um currículo e/ou de uma pedagogia que estejam do lado de uma visão libertadora, justa, igualitária do homem e da sociedade. Tal possibilidade constituiria uma metanarrativa, negada pelo pós-modernismo em função de seu caráter opressor da complexidade e variedade do mundo.

Mais uma descontinuidade apontada pelo autor refere-se ao conceito de ideologia. Segundo ele, a teorização crítica, sobretudo em sua orientação neomarxista, baseia-se no conceito de ideologia como visão falsa do mundo social, em oposição ao discurso verdadeiro que representaria a realidade. A partir do entendimento pós-estruturalista de que a linguagem constitui a realidade, essa visão é questionada, pois os significados nunca são fixos, mas sempre construídos dentro de determinadas práticas. Não existem, portanto, discursos falsos e verdadeiros, nem o lugar da ciência, na perspectiva althusseriana, capaz de desvelar a ideologia. Existem apenas diversos discursos constituintes de regimes de verdade, na acepção de Foucault. Por outro lado, todas as narrativas, como analisa Silva, são parciais, dependem da posição de seus emissores, não havendo uma posição privilegiada para emissão de discursos.

Em contrapartida, Silva faz uma aproximação entre a perspectiva pós--moderna de concepção da realidade e a concepção de construção social dos primeiros trabalhos de Michael Young e da Nova Sociologia da Educação (NSE). Para Young (1978), o verdadeiro critério de validação do saber é a sua capacidade de contribuir para a libertação humana. Para Silva, nessa perspectiva ainda há um referente – o conhecimento intersubjetivamente partilhado –, enquanto na perspectiva pós-moderna não há referentes, e portanto, não está em questão a validade do conhecimento. Enquanto a

> A desconfiança das explicações totais e unicausais não tem sido privilégio da análise pós-moderna, nem é totalmente novidade. Ela tem feito parte, em certa medida, de correntes 'dissidentes' do marxismo, assim como tem estado presente na literatura educacional crítica de Michael Young a Michael Apple. (Silva, 1993: 134)

NSE têm um relativismo fraco, as teorias pós-estruturalistas têm um relativismo forte. Tal posição reforça seu argumento de que nem todas as teses pós-estruturalistas são tão inovadoras. Outra questão trabalhada centralmente é o entendimento do sujeito. Silva entende que em quase toda literatura crítica moderna é possível encontrar o pressuposto de um sujeito com uma consciência unitária, homogênea, centrada, capaz de superar um estado de alienação submetido à dominação para alcançar um estado consciente, lúcido, crítico e, por conseguinte, livre e autônomo. Apresenta-se assim como uma das principais marcas do pós-estruturalismo, ao contrário, a defesa da subjetividade como fragmentada, descentrada e contraditória e o questionamento às ideias de emancipação e de conscientização. Essa concepção e sua consequente crítica ao educador como um ser iluminado, capaz de indicar os caminhos da conscientização, é um dos princípios do pós-estruturalismo mais rapidamente incorporado por Silva e trabalhado ao longo de sua obra.

Para o autor, o mais importante é incorporar o conceito de diferença: não há um discurso que possua, com base em algum critério universal de validação, o ponto de vista epistemológico privilegiado. Há diferentes discursos não equivalentes, na medida em que são implicados em relações de poder assimétricas, as quais devem ser questionadas no processo de valorização das diferenças.

Em síntese, Silva defende que as teorizações pós-estruturalistas sejam problematizadas, tendo por referência os princípios fundamentais da Teoria Crítica da Educação e seu projeto político. Para tanto, propõe que se tenha em vista em que medida tais teorizações constituem um movimento conservador e em que medida permitem avançar na compreensão das questões referentes a dominação e poder.

Por fim, salienta como o pós-estruturalismo corre o risco de nos manter presos às micronarrativas. Tais preocupações também estão expressas em seus outros trabalhos da mesma época (Gentili e Silva, 1996; Moreira e Silva, 1994; Silva, 1995a). É a partir do aprofundamento de seus estudos sobre Michel Foucault (Moreira e Silva, 1995; Silva, 1994; Silva 1995b) e da posterior maior influência de Derrida, Deleuze, Guattari e Lacan (Silva, 1999b, 2000c) que o processo de incorporação do pensamento pós-estruturalista se faz mais completo. No campo do Currículo, as influências teóricas de Popkewitz, Walkerdine e Jennifer Gore acentuam-se. Como distinções mais fundamentais de seu trabalho podemos identificar o aprofundamento do vínculo entre saber e poder, dos processos de virada linguística, dos vínculos entre currículo e regulação social, currículo, identidade e diferença e da epistemologia social. Permanece também muito acentuada a problematização sobre

> O distintivo da análise pós-moderna é que ela levou essa crítica a níveis que tornam praticamente impossível se obter uma compreensão coerente e global da dinâmica e do mundo social. Sem essa possibilidade, existe o risco de ficarmos presos na impotência da variedade e da infinidade de narrativas parciais e locais. Incapazes de fornecer uma descrição e uma explicação dos nexos entre esses localismos e parcialidades, elas tenderão a deixar intactas estruturas de desigualdade e injustiça que têm sua gênese e reprodução numa dinâmica social que é, hoje mais do que nunca, global. (Silva, 1993: 134)

as consequências do descentramento do sujeito para o projeto educacional.

Com base em Foucault e em sua concepção de que existem micropoderes descentrados com ações não apenas coercitivas, mas também produtivas, Silva desenvolve o questionamento à ideia da teorização crítica de que o conhecimento e o saber constituem fontes de libertação, esclarecimento e autonomia. Isso porque, não há uma situação de não poder, mas sim um estado permanente de luta contra posições e relações de poder. Se o mundo é construído anteriormente ao sujeito na e pela linguagem, não há como falar em uma consciência e em um sujeito autônomos. É preciso conviver com a instabilidade e provisoriedade dos múltiplos discursos e das múltiplas realidades constituídas por esses discursos.

O autor afirma que a consequência dessas interpretações não pode ser uma posição niilista, cínica ou desesperada. Sobretudo é preciso salientar o caráter difuso dos mecanismos de regulação, controle e poder: mesmo as pedagogias críticas estão implicadas nesses mecanismos. Com base em Derrida, sua preocupação é com a desconstrução dos binarismos: teoria/prática, sujeito/objeto, natureza/cultura, questionando todo essencialismo.

Diferentemente de seu trabalho anterior, em que afirmava não ser privilégio do pensamento pós-estruturalista a crítica às metanarrativas e ao objetivismo epistemológico, Silva passa a entender que a tradição racionalista do pensamento social e educacional tende a pensar o conhecimento e a epistemologia como um processo lógico ligado a esquemas mentais de raciocínio, em consequência de sua concepção de linguagem como um meio transparente e neutro de representação da realidade (Silva, 1994). A partir da virada linguística, assume o entendimento de que as categorias que usamos para definir e dividir o mundo são sistemas que nos fazem refletir, ver e interpretar os objetos da maneira que fazemos. Tais sistemas são epistemologias sociais (Popkewitz, 1994). Assim sendo, a posição anteriormente mais próxima ao relativismo fraco da NSE se dirige ao relativismo forte.

Com o "adeus às metanarrativas" Silva entende que talvez seja possível, inclusive, viver melhor, evitando que discursos de grupos restritos sejam opressivamente apresentados como os únicos possíveis discursos e a única direção a ser tomada para os campos educacional e do currículo. Isso significa conceber que a própria Teoria de Currículo constitui um dos nexos entre saber e poder.

A produção desses sujeitos pode ser compreendida pela ligação entre currículo, representação e identidade. A representação, para Silva, é um processo de produção de significados sociais por meio de diferentes discursos que

> A Teoria do Currículo consiste precisamente nisso: em formular formas de melhor organizar experiências de conhecimento dirigidas à produção de formas particulares de subjetividade: seja o sujeito conformista e essencializado das pedagogias tradicionais, seja o sujeito 'emancipado' e 'libertado' das pedagogias progressistas. (Silva, 1995b: 192)

operam pelo estabelecimento de diferenças: é por intermédio da produção de sistemas de diferenças e de oposições que os grupos sociais são tornados diferentes e constituem suas múltiplas identidades. O currículo é assim uma forma de representação que se constitui como sistema de regulação moral e de controle. Tanto é produto das relações de poder e identidades sociais, quanto seu determinante.

Ainda que, por vezes de forma aparentemente contraditória com o pensamento pós-estruturalista, continue sendo sua preocupação marcar o efeito político dessas interpretações, não deixando de considerar como o atual projeto neoliberal e neoconservador envolve a redefinição global das esferas política, social e pessoal, por meio de complexos e eficazes mecanismos de representação e de significação. Para ele, novos discursos, dentre os quais o educacional, se inserem nessa epistemologia social capaz de constituir uma nova realidade linguística e limitar as possibilidades de conceber esse mundo fora do contexto neoliberal e neoconservador.

Silva desenvolveu trabalhos com as metáforas currículo como fetiche, como representação e como práticas de significação (Silva, 1999b). Em seus últimos livros reúne textos que analisam o construtivismo como narrativa mestra reguladora de subjetividades (Silva, 1998)

> A Teoria do Currículo tem se beneficiado enormemente de uma abordagem voltada para sua economia política, uma abordagem que deve muito às influências marxistas. (...) Continuamos a ser uma sociedade capitalista, uma sociedade governada pelo processo de produção de valor e de mais-valia. Ligar o currículo a esse processo é um dos avanços fundamentais que devemos à vertente crítica da Teoria do Currículo. Isso não exclui, entretanto, outras abordagens, outras metáforas, outros conceitos, que possibilitem que ampliemos nossa compreensão daquilo que se passa no nexo entre transmissão de conhecimento e produção de identidades sociais, isto é, no currículo. Acredito que o papel de uma Teoria Crítica do Currículo é o de ampliar essa compreensão, não o de estreitá-la. (Silva, 1995b: 206-207)

e textos que interpretam o fim da teoria do sujeito e a existência de monstros, ciborgues e clones (Silva, 2000c). Não deixa, no entanto, de manter discussões recorrentes em sua obra, como a questão da identidade e da diferença com base nos estudos culturais (Silva, 2000d).

O pensamento de Silva constitui, assim, a linha mestra do grupo de pesquisadores pós-estruturalistas em Currículo. Em uma importante obra do grupo (Veiga-Neto, 1995), as produções sobre currículo dirigem-se especialmente para análise de: questões referentes ao lugar de Foucault na teorização pós-moderna/pós-estruturalista, às produções discursivas diversas (educação ambiental, construtivismo), aos processos de mudança e de reforma educacional, bem como ao entendimento do potencial das perspectivas pós-estruturalistas na ampliação dos referenciais de análise capazes de criticar as perspectivas neoliberais na educação.

> Com Derrida, a subjetividade dissolve-se na textualidade. O 'sujeito', se é que ele existe, não passa de simples inscrição: ele é pura exterioridade. Não há lugar, aqui, para qualquer 'teoria do sujeito' ou 'filosofia da consciência'. (Silva, 2000b: 16)

> Para a teoria cultural contemporânea, a 'existência' de monstros, ciborgues e autômatos complica, definitivamente, o privilégio tradicionalmente concedido ao ser humano ou, se quisermos, ao 'sujeito', com todas as propriedades que costumam ser descritas no 'manual do usuário' que o acompanha (por favor, consulte o seu): essencialidade, consciência, autonomia, liberdade, interioridade. (Silva, 2000b: 18)

Currículo e conhecimento em rede

A discussão sobre conhecimento em rede ganhou destaque nos estudos em currículo a partir da metade da década de 1990, apesar de originar-se de estudos que datam dos anos 1980. Trata-se de uma vertente de trabalhos desenvolvidos fundamentalmente por pesquisadores do Rio de Janeiro, coordenados por Nilda Alves[2], na Universidade do Estado do Rio de Janeiro, e Regina Leite Garcia[3], na Universidade Federal Fluminense, esta última mais ligada às áreas de alfabetização e estudos culturais. Embora nos últimos anos desta década, os estudos tendo por base essa abordagem não se restrinjam aos grupos coordenados por essas pesquisadoras, são estes os centros de tal perspectiva. A produção teórica dessa vertente vem se intensificando nos últimos anos, tanto em congressos nacionais e internacionais, como editorialmente, especialmente a partir do lançamento de uma coleção de livros denominada "O sentido da escola"[4], que embora não

---

[2] *A pesquisadora Nilda Alves publicou na década de 1990 os livros* Formação de professores: pensar e fazer, *1992;* Trajetórias e redes na formação de professores, *1998;* O espaço escolar e suas marcas, *1998; e organizou a seguinte coletânea: O sentido da escola, em coautoria com Regina Leite Garcia, 1998.*

[3] *A pesquisadora Regina Leite Garcia publicou na década de 1990 os livros:* Uma orientação nova para uma nova escola, *1997;* Dilemas de um final de século, *em coautoria com Célia Linhares, 1996; e* Cartas londrinas, *1995; e organizou as seguintes coletâneas:* Revisitando a pré-escola, *2000;* Alfabetização dos alunos das classes populares, *1999;* Orientação educacional: o trabalho da escola, *1999;* O sentido da escola, *em coautoria com Nilda Alves, 1999;* A formação da professora alfabetizadora: reflexões sobre a prática, *1996.*

[4] *Essa coleção consiste, até o momento, em 23 livros publicados. Os livros são organizados por pessoas que estudam o conhecimento em rede e currículo e a coleção é coordenada por Nilda Alves e Regina Leite Garcia. As temáticas abordadas são: o cotidiano da escola, multiculturalismo, meio ambiente, avaliação, gestão democrática, linguagem, democratização da escola, cidadania etc.*

trate especificamente da temática currículo, cria condições de circulação da discussão sobre conhecimento em rede e cotidiano escolar.

Enquanto a maioria da produção em currículo no Brasil apoia-se na discussão oriunda de países de língua inglesa, os estudos sobre currículo em rede referenciam-se, em sua maioria, em bibliografia francesa, especialmente em autores como Certeau, Lefèbvre, Morin, Guattari e Deleuze. Nos últimos anos, o autor português Boaventura de Sousa Santos tem sido importante referência para esses estudos. Outro aspecto notável em relação às principais bases teóricas desses estudos é o reduzido diálogo com autores da área de educação e mais especificamente com a área de currículo, tal como ela se apresenta na literatura internacional ou nacional.

As elaborações sobre currículo em rede seguem os estudos de Alves na área curricular, que se centravam fundamentalmente na categoria cotidiano e em discussões sobre formação de professores. Os primórdios do conceito de rede, tal como aplicado ao campo do currículo no Brasil, datam de 1985, quando da discussão sobre alterações nos cursos de formação de professores. Neste momento, Alves identificava quatro esferas articuladas de formação de profissionais do ensino: a da formação acadêmica, a da ação governamental,

> Na articulação dessas quatro esferas se coloca a totalidade da formação dos profissionais da educação e a crise que enfrentamos está ligada, sem dúvida, ao tecido de relações entre as quatro esferas que se desenhou nas últimas décadas. (Alves, 1998a: 34)

> Os eixos curriculares, atravessando todas as disciplinas existentes (ou que vierem a existir), permitem criar um "campo de ação" no qual, mantidas as características específicas, os conteúdos e os métodos próprios, bem como o ritmo e a característica de cada professor, propostas coletivas possam ser desenvolvidas por conjuntos de professores, de turmas, de séries, de alunos e outros. Isso sem o artificialismo dos "centros de interesse" ou "conteúdos integrados". (Alves, 1998a: 53)

a da prática pedagógica e a da prática política (Alves, 1986). Era na prática que se propunha a articulação entre a esfera da teoria e as outras duas esferas mais nitidamente políticas. Tanto a centralidade na prática dos sujeitos que vivem o cotidiano curricular quanto a ideia de que a formação se processa por intermédio da articulação, em forma de tecido, de várias esferas serão conceitos centrais da teorização acerca da noção de currículo em rede.

Dois anos depois deste primeiro texto, já no processo de elaboração da Lei de Diretrizes e Bases da Educação Nacional, Alves (1998a) rediscute a questão da formação de professores e, nela, a ideia de base comum nacional, que vinha sendo elaborada desde 1983, e que se cristalizaria, em 1990, no documento de criação da Associação Nacional de Formação de Professores (ANFOPE). Na defesa da base comum nacional, surge a preocupação com a superação do enfoque disciplinar no espaço escolar. Para tanto, fala-se em eixos curriculares como espaços coletivos de discussão e ação que atravessariam cada disciplina do currículo, viabilizando propostas coletivas. Tais eixos eram vistos como criadores de campos de ação que permitiriam recuperar o conhecimento em sua totalidade. A análise dos eixos propostos para a formação de professores – relação escola-sociedade, a construção do conhecimento, a escola pública, o cotidiano da escola e da sala de aula e o discurso das culturas vividas – traz novamente à baila a centralidade da prática social e a existência de vários espaços de formação articulados.

Em 1992, as ideias de um currículo com uma base comum nacional e com eixos curriculares articuladores das experiências de formação deram origem a uma proposta curricular na Universidade Federal Fluminense, objeto de vários textos discutidos em reuniões de curriculistas na primeira metade da década. São esses textos que começam a incorporar o conceito de conhecimento em rede para a discussão do currículo.

Na reunião da ANPEd de 1992, Alves e Garcia (1992) apresentaram o projeto de curso de Pedagogia da UFF na cidade de Angra dos Reis, defendendo que o conhecimento fosse entendido como prático, social e histórico. Utilizando-se, neste momento, fundamentalmente de Lefèbvre, negam a ordenação, a linearidade e a hierarquização do conhecimento, defendendo a ideia de redes referenciadas na prática social. Trabalhando com o conceito de complexidade e entendendo que os conteúdos a serem trabalhados no decorrer do curso deveriam incorporar a totalidade da cultura, o currículo incorporava as propostas defendidas, durante os anos 1980, pelos movimentos de formação de professores. A trama curricular era constituída pelos eixos curriculares da

olhar/agir do homem (...) está determinado pela condição de classe (dimensão objetiva), mas está também relacionado à nacionalidade, cultura, geração, sexo e religião (dimensão subjetiva). (Alves e Garcia, 1992: 76)

base comum nacional, por princípios do movimento de construção desta base, pelos processos metodológicos e pelas disciplinas que compõem o currículo. A experiência curricular se desenvolveria, então, em espiral de complexidade crescente, num processo que alternava processos individuais e momentos coletivos, num espaço de tensão entre coletivo e individual, composto por disciplinas e atividades múltiplas.

A ideia de rede de conhecimentos apresenta um grau de desenvolvimento marcadamente superior ao presente nas formulações iniciais. Ao desenvolver teoricamente as bases do curso de formação de professores de Angra dos Reis, as autoras constroem a argumentação central, que passam a defender, de que os conhecimentos são tecidos em redes que correspondem a contextos cotidianos variados. No entanto, a ideia do desenrolar curricular como espiral aberta ainda não permite uma boa integração entre essa ideia e a estruturação do currículo. A metáfora, já anteriormente utilizada por Bruner, ainda era depositária dos ideais modernos da complexidade crescente, do caminho rumo à perfeição.

Inicia-se, então, a partir dos primeiros anos da década de 1990 uma maior elaboração teórica da concepção de rede de conhecimentos, entendida como ferramenta capaz de auxiliar na tessitura de alternativas curriculares. Argumenta-se que a concepção de currículo é formalmente depositária do moderno conceito de conhecimento, a despeito das inúmeras apropriações desse objeto pelos sujeitos sociais. Na medida em que o mundo moderno está em crise, torna-se necessário criar novas perspectivas para a tematização curricular.

Com essa argumentação central, os estudos sobre currículo e conhecimento em rede se afastam cada vez mais da discussão específica de currículo e passam a tematizar a crise do mundo moderno que se expressa em três esferas: no mundo do trabalho, na produção científica e, fundamentalmente, no questionamento da razão como forma privilegiada de entendimento do mundo. As críticas à modernidade são realizadas por referências a Harvey (1993), Jameson (1994), Touraine (1995), Santos (1989), mas fundamentalmente a Morin (1995, 1996a, 1996b). Na medida em que as relações contemporâneas tendem a maior fluidez, horizontalidade, criatividade e coletivização, a centralidade do conhecimento tradicional, que estaria na base do currículo moderno, começa a ceder espaço para outros saberes relacionados à ação cotidiana. Nesse sentido, a centralidade da razão, com seu espaço privilegiado de expressão – as ciências –, passa a ser questionada. Trata-se não apenas de uma redefinição sobre quais saberes de-

> Defendo, e não estou sozinha, que há um modo de fazer e de criar conhecimento no cotidiano, diferente daquele aprendido, na modernidade, especialmente, e não só, com a ciência. Se é isto, para poder estudar esses modos diferentes e variados de fazer/pensar, nos quais se misturam agir, dizer, criar e lembrar, em um movimento que denomino prática/teoria/prática, é preciso que me dedique, aqui e agora, um pouco a questionar os caminhos – até aqui só atalhos. Trato de dar conta da trajetória metodológica que venho fazendo para explicar o possível e necessário caminho para decifrar o pergaminho (Certeau, 1994), buscando compreender o cotidiano escolar. (Alves e Oliveira, 2001: 13-14)

vem ser valorizados, mas também sobre a forma como se dá a tessitura social do conhecimento.

Apoiando-se fundamentalmente em Deleuze e Guattari (1972) e Lefèbvre (1983), a disciplinarização do conhecimento, expressa na metáfora da árvore de saberes, é questionada e substituída pelo entendimento de que o conhecimento é tecido rizomaticamente. Além do perceptível esgotamento das ciências tradicionais, com a criação de áreas inter ou transdisciplinares, a metáfora do rizoma permitiria o questionamento das fronteiras estabelecidas pela modernidade entre o conhecimento científico e o conhecimento tecido nas esferas cotidianas da sociedade.

É fundamentalmente a discussão desse conhecimento tecido nas esferas cotidianas da sociedade que marca os trabalhos ligados à noção de conhecimento em rede e currículo. A incorporação das ideias de redes de conhecimento e de tessitura de conhecimentos em rede torna-se fundamental em face da multiplicidade e da complexidade de relações nas quais estamos permanentemente envolvidos e nas quais criamos conhecimentos e os tecemos com os conhecimentos de outros seres humanos. Nesse sentido, a tessitura de uma compreensão teórica do currículo envolve considerar os espaços cotidianos em que esses currículos acontecem,

> Tecer o pensamento em rede exige múltiplos caminhos e inexistência de hierarquia, em um mundo de pensamento linear, compartimentado, disciplinarizado e hierarquizado que me formou a mim mesma na disjunção, na separação e na redução. (Alves e Oliveira, 2001: 25)

valorizando o fazer curricular como uma produção de sentido.

A ideia de tessitura do conhecimento em rede aprofunda a discussão inicial de esferas de formação, buscando dar-lhe mais consistência teórica. Os trabalhos de Certeau (1994a, 1994b), Lefèbvre (1983) e Santos (1994 e 2000) são, para esta intenção, a principal referência dos estudos. A noção de conhecimento em rede introduz um novo referencial básico, a prática social, na qual o conhecimento praticado é tecido por contatos múltiplos. Propõe-se, dessa forma, a inversão da polarização moderna entre teoria e prática, passando-se a compreender o espaço prático como aquele em que a teoria é tecida. Tal proposição, ao reconceituar a prática como o espaço cotidiano no qual o saber é criado, elimina as fronteiras entre ciência e senso comum, entre conhecimento válido e conhecimento cotidiano. No sentido da manutenção dessa polarização, o pensamento moderno sobre escola e currículo cria um conjunto de processos sociais que estabelecem o que é oficial, o espaço/tempo do poder. O conhecimento cotidiano, ao contrário, é tecido por meio de táticas de uso do já existente, seguindo o caminho de uma certa improvisação (Alves, 1998). Trata-se de conhecimentos que recusam a pretensão de globalidade: são conhe-

> A minha proposta é que as sociedades capitalistas são formações ou configurações políticas constituídas por quatro modos básicos de produção de poder que se articulam de maneiras específicas. Esses modos de produção geram quatro formas básicas de poder que, embora inter-relacionadas, são estruturalmente autônomas. Distingo nas sociedades capitalistas quatro espaços (que são também quatro tempos) estruturais: o espaço doméstico, o espaço de produção, o espaço da cidadania e o espaço mundial. Cada um deles constitui um feixe de relações sociais-paradigmáticas. (Santos, 1997: 125)

> As táticas são procedimentos que valem pela pertinência que dão ao tempo – às circunstâncias que o instante preciso de uma intervenção transforma em situação favorável, à rapidez de movimentos que mudam a organização do espaço, às relações entre os momentos sucessivos de um golpe, aos cruzamentos possíveis de durações e ritmos heterogêneos etc. (de Certeau, 1994: 102)

cimentos pontuais difusos nas redes em que são praticados. Nesse sentido, a metáfora da rede busca subverter o papel de inferioridade do conhecimento produzido no senso comum, em relação àquele conferido pela modernidade ao conhecimento científico. Essa relação entre o espaço do poder e o espaço cotidiano foi amplamente abordada em projetos de pesquisa desenvolvidos pelo grupo desde 1996 (Alves, 1996; Alves e Oliveira, 1998; Oliveira, 1999), enfocando a construção cotidiana de conhecimentos sobre currículo por equipes pedagógicas das secretarias de educação de diferentes municípios.

Ao trabalhar os contextos cotidianos como espaços de tessitura do conhecimento sobre currículo nesses projetos de pesquisa, Alves e Oliveira introduziram as discussões de Santos (1995 e 2000) sobre os múltiplos contextos que constituem o sujeito enquanto redes de subjetividade. Em cada um desses contextos os sujeitos cotidianos tecem seus conhecimentos a partir das múltiplas redes a que pertencem. Trata-se de operar um deslocamento radical dentro do mesmo lugar, que é o nosso – um deslocamento que passe a se preocupar com o que se faz em espaços/tempos antes julgados comuns e mesmo ignorados, mas que têm uma enorme importância já que é neles que vivemos concretamente nossa vida.

História do currículo e constituição do conhecimento escolar

Os estudos sobre conhecimento escolar e currículo se constituíram, no final da década de 1980, em um dos principais núcleos em torno do qual a discussão teórica sobre currículo se desenvolvia no Brasil. Os primeiros estudos traziam a marca das discussões da Nova Sociologia da Educação inglesa, assim como dos trabalhos de M. Apple e H. Giroux. Paralelamente à divulgação e ao estudo das teorias políticas de currículo na literatura internacional, iniciava-se a tentativa de compreensão do desenvolvimento do campo curricular no Brasil em estudos históricos, que viriam a se transformar em uma das temáticas centralmente desenvolvidas pelo Núcleo de Estudos de Currículo (NEC), sediado na Universidade Federal do Rio de Janeiro e coordenado por Antonio Flavio Moreira.

Os trabalhos em história do currículo desse grupo encaminham-se em duas linhas principais: o estudo do pensamento curricular brasileiro e o estudo das disciplinas escolares. Os estudos sobre o pensamento curricular brasileiro vêm sendo desenvolvidos pelo NEC com o objetivo de compreensão dos movimentos de constituição do campo de currículo e das influências da teorização estrangeira nessa constituição.

O pesquisador Antonio Flavio Moreira publicou, na década de 1990, vários artigos em periódicos e livros. Destacam-se os volumes intitulados: *Currículo, práticas pedagógicas e identidades*, organizado com Elizabeth Macedo em 2002; *Ênfases e omissões do currículo*, com Ana Canen em 2001; *Currículo: políticas e práticas*, em 1999; *Currículo: questões atuais*, em 1997; *Conhecimento educacional e formação do professor*, em 1994; *Currículo, cultura e sociedade* e *Territórios contestados: o currículo e os novos mapas culturais*, ambos em coautoria com Tomaz Tadeu da Silva em 1994.

Nosso estudo focalizará três períodos básicos. O primeiro – anos vinte e trinta – corresponde às origens do campo do currículo no Brasil. O segundo – final dos anos sessenta e setenta – corresponde ao período no qual o campo tomou forma e a disciplina currículos e programas foi introduzida em nossas faculdades de educação. O terceiro – de 1979 a 1987 – caracteriza-se pela eclosão de intensos debates sobre currículos e conhecido escolar, bem como por tentativas de reconceptualização do campo. Buscaremos, em nossa análise, ir além da visão do campo como uma cópia de seu congênere americano e enfatizar a interação entre a influência americana e a produção dos teóricos brasileiros. (Moreira, 1990: 15)

Em estudo inicial, realizado entre 1984 e 1988, Moreira (1990) propõe-se a estudar o campo do currículo no Brasil de sua emergência ao final dos anos 1980, focalizando a influência estrangeira nas teorias e práticas de currículo. Analisando os limites dos enfoques tradicionalmente utilizados para o estudo do fenômeno da transferência educacional, Moreira propôs um enfoque alternativo considerando condições internacionais, societárias e processuais. Esse quadro referencial de análise objetivava evitar interpretações simplificadas que reduziam a produção brasileira sobre currículo a uma simples cópia do tecnicismo que se elaborava nos Estados Unidos, acentuando as interações, mediações e resistências verificadas no processo de desenvolvimento dessa produção. No campo do currículo, o estudo referenciava-se na produção crítica em currículo – M. Apple, H. Giroux e M. Young – e na história do currículo, com contribuições de M. B. Franklin, I. Goodson e S. Ball.

Nessa mesma linha, entre 1994 e 1996, o grupo coordenado por Moreira buscou repensar o conceito de transferência, estudando o desenvolvimento do campo na década de 1990, tanto no que concerne ao pensamento curricular quanto focalizando o ensino de currículo nas universidades do Rio de Janeiro. Nesse momento, a discussão sobre transferência educacional foi ampliada passando a englobar categorias como globalização, hibridização cultural e cosmopolitismo (Moreira e Macedo, 1999). Às referências de M. B. Franklin, I. Goodson e S. Ball, somaram-se estudos de Hannertz e García Canclini, que buscam entender os fenômenos culturais nas sociedades contemporâneas. Em estudo recente, o grupo tem buscado analisar como a temática do multiculturalismo tem penetrado na produção brasileira de currículo, trabalhando fundamentalmente com o conceito de hibridismo e introduzindo preocupações com a discussão sobre identidade (Moreira e Macedo, 2000).

Com esse quadro teórico, os estudos de Moreira sobre a constituição do campo do currículo no Brasil têm permitido a análise, não apenas das produções teóricas do campo, mas também das políticas curriculares implementadas no país, dos currículos vigentes e da função do professor e do intelectual na constituição do campo e das práticas vividas. Assim, Moreira vem analisando os impasses e as contribuições da teoria curricular crítica nos tempos pós-modernos, defendendo a existência de uma reconfiguração do campo do Currículo que coloca em crise a concepção de currículo como texto político (1998a, 1998b). Por sua vez, em sua análise das políticas curriculares atualmente vigentes, Moreira busca entender como elas hibridizam diferentes discursos curriculares e sociais. Igualmente, visa

> Desse modo, sugerimos que nos anos noventa, no âmbito do globalismo, transferência educacional deva ser entendida como **processo necessariamente plural e contraditório, do qual participam diferentes países, grupos e indivíduos em situações desiguais de poder, e que se caracteriza pelo intercâmbio e pela hibridização de ideias, modelos institucionais e práticas.** Desses confrontos resultam antagonismos e integrações, diversidades e desigualdades. (Moreira e Macedo, 1999: 26)

> Segundo Jennifer Gore (1993), a crise é mais evidente no setor em que se inscrevem os trabalhos de Henry Giroux e Peter McLaren. As razões são fundamentalmente duas: a ausência de sugestões para uma prática docente crítica e a utilização de discurso altamente abstrato e complexo, cujos princípios dificilmente podem ser entendidos e operacionalizados pelos professores. (Moreira, 1998a:13)
>
> Sem garantias de resultado, importa buscar redimensionar concepções, categorias e ações de modo a associar pós-modernismo e projetos emancipatórios. Trata-se de trabalho em desenvolvimento, no qual o foco deve ser a promoção de interações, para que os elementos críticos das duas tradições se reforcem mutuamente. (Moreira, 1998a: 29)

interpretar teorizações de currículo que influenciam tais políticas, marcando sua associação com perspectivas tradicionais de currículo, seu viés psicologizante e seu foco na tensão entre flexibilidade e controle (Moreira, 1995; 1996).

Quanto ao papel do pesquisador e do professor, sua argumentação dirige-se no sentido de defender sua atuação como intelectual cosmopolita e crítico, capazes de se apropriar das diferentes produções para construir soluções e propostas alternativas aos modelos vigentes. Esta última preocupação dos trabalhos de Moreira faz com que, por vezes, os estudos do grupo deslizem entre o campo do currículo, propriamente dito, e o da formação de professores (Lüdke e Moreira, 1996; Moreira in: Moreira e Silva, 1995). Especialmente nestes trabalhos,

> Procurei sugerir, no decorrer do meu ensaio, que se associe à visão do/a professor/a como intelectual transformador/a do/a professor/a como pesquisador/a em ação. Propus que essa associação também se refira ao/à professor/a que forma professores/as, tendo em mente a influência que têm, na prática profissional do/a futuro/a docente, as vivências de seu curso de formação (...). Destaco as possíveis articulações entre: ensino e pesquisa, teoria e prática, cotidiano e vida acadêmica, competência pedagógica e compromisso social, universidade e escola, conteúdos pedagógicos e conteúdos específicos. (Moreira, 1995: 19)

Moreira evidencia sua preocupação em questionar os enfoques prescritivos das primeiras décadas do campo do Currículo, sem deixar de desenvolver proposições para a formação de professores, sempre orientadas para a valorização das relações entre teoria e prática e para a inter-relação das dimensões científica e política da formação.

A segunda linha de trabalho deste grupo se encaminha no sentido da história das disciplinas escolares. Dialogando com a produção de T. Popkewitz, I. Goodson e S. Ball e referenciando-se fundamentalmente nos dois últimos, os estudos têm buscado estudar o desenvolvimento e a consolidação de disciplinas escolares ou áreas de conhecimento tendo por base a forma como se desenvolvem em instituições específicas. Nesse sentido, tais trabalhos têm buscado atuar na interseção entre os estudos das disciplinas escolares, propriamente ditos, e o estudo das instituições educacionais. Além de dois projetos de pesquisa já concluídos, que abordaram a área de educação com o estudo da criação e consolidação da pós-graduação em educação da UFRJ (Moreira, 1994, e Macedo, 1997) e a disciplina escolar ciências nos Colégios de Aplicação da cidade do Rio de Janeiro (Moreira, Lopes e Macedo, 2000), essa linha de trabalho tem gerado estudos sobre outras áreas/disciplinas em função das dissertações e teses de mestrado e doutorado produzidas no Núcleo por alunos da UFRJ e da UERJ.

Os trabalhos em história das disciplinas realizados por esse grupo integram-se pelas hipóteses tentativas construídas por I. Goodson (1983) com o objetivo de sistematizar os estudos na área de história das disciplinas escolares. Esses trabalhos inserem-se em uma perspectiva de estudos educacionais que valorizam certo alargamento conceitual e metodológico da história, em que ganham relevo a etno-história e a tentativa de compreender o cotidiano das instituições. Nesse sentido, os estudos de história das disciplinas escolares têm sido realizados em associação com

> Nosso argumento central é que a compreensão do processo de construção e reconstrução de uma área ou disciplina escolar, em um dado estabelecimento de ensino, exige a consideração dos contextos sócio-histórico-cultural, institucional e biográfico nos quais o processo se desenrola. Sustentamos, assim, o ponto de vista de que o caminho seguido por uma disciplina em uma determinada instituição é condicionado por fatores internos e externos, a serem examinados em uma perspectiva sócio-histórica. (Santos, 1990) (Moreira, Lopes e Macedo, 2000: 2)

> [Há] evidências para três hipóteses: primeira, que as disciplinas não são entidades monolíticas mas amálgamas mutáveis de subgrupos e tradições. Estes grupos no interior das disciplinas influenciam e transformam fronteiras e prioridades. Segunda, que no processo de estabelecimento das bases de uma disciplina escolar (e da disciplina universitária associada), grupos disciplinares tendem a se movimentar da promoção de tradições pedagógicas e utilitárias em direção a tradições acadêmicas. (...) Terceira, que, nos casos estudados, grande parte do debate curricular pode ser interpretado em termos de conflito entre as disciplinas por *status*, recursos e território. (Goodson, 1993: 3)

trabalhos que privilegiam a escola como uma instituição dotada de uma autonomia relativa, como uma totalidade em que o cultural e o social se apresentam mediatizados pelo pedagógico. Assim, na medida em que os currículos se materializam em determinadas instituições, que apresentam determinadas especificidades, os estudos realizados pelo grupo no âmbito da história das disciplinas escolares têm se referenciado a instituições específicas, de modo que as particularidades de cada caso concreto se evidenciem na lógica global do percurso de cada disciplina.

A partir desses estudos, as hipóteses de Goodson são relativizadas e ampliadas. A hipótese de que no processo de consolidação de uma disciplina escolar, e de sua correspondente disciplina acadêmica de referência, os grupos disciplinares tendem a se distanciar de tradições pedagógicas e utilitárias, com as quais se articulam inicialmente, em direção a tradições acadêmicas garantidoras dessa consolidação, vem sendo compreendida no contexto institucional de forma mais complexa. Não é possível definir um caminho linear das tradições utilitárias e pedagógicas para as tradições acadêmicas. Seja no contexto universitário, seja no contexto escolar, são identificados momentos de crise no processo de direção ao acadêmico. No contexto universitário (Macedo, 1997), foi possível perceber que os objetivos mais utilitários podem se acentuar em função tanto de determinantes internos quanto externos à instituição, em virtude de hiatos entre o que se fazia hegemônico na Instituição e o panorama mais amplo do campo educacional. No contexto escolar (Moreira, Lopes e Macedo, 1999), foi possível constatar que o interesse dos professores em motivar seus alunos, por intermédio das relações de sua disciplina com as vivências desses alunos, bem como por características institucionais próprias das escolas-laboratórios para formação de professores podem valorizar, em vários momentos, tradições mais utilitárias e pedagógicas, ainda que exista um processo mais amplo direcionado aos objetivos acadêmicos.

Por outro lado, às hipóteses em questão é possível incorporar fatores especificamente institucionais. Dentre eles temos: 1. o papel relevante exercido pelas lideranças disciplinares em uma determinada instituição. Tais lideranças orientam os professores segundo suas concepções, as quais tendem a se constituir como padrões de estabilidade curricular; 2. a influência significativa da maior ou menor autonomia da instituição frente aos mecanismos oficiais de controle curricular; 3. a relevante influência da formação profissional dos professores da equipe. Se esta formação tende à maior especialização em cursos universitários, as tradições acadêmicas tendem a ser fortalecidas.

As disciplinas escolares reorganizam o conhecimento científico em novas subdivisões, que não necessariamente correspondem às divisões dos saberes acadêmicos. Nesse processo, sofrem influência de fatores diversos, além daqueles oriundos das universidades e dos centros de pesquisas. Desde fatores intrínsecos às instituições de ensino até questões político-econômicas. (...) os processos de mediação didática são modificadores do conhecimento científico, principalmente por significarem a transformação da linguagem formal em linguagem não formal, mas também por organizarem padrões explicativos que sequer interessam aos cientistas. (Lopes, 1999: 227-229)

As investigações sobre as disciplinas escolares articulam-se também às análises sobre a constituição do conhecimento escolar. A análise de tal processo de constituição parte do entendimento do conhecimento escolar como instância própria de conhecimento que se define em relação aos demais saberes sociais, notadamente o conhecimento científico e o conhecimento cotidiano (Lopes, 1999). O conhecimento escolar é compreendido assim como constituído por processos de transposição didática (Chevallard) e de disciplinarização (Goodson) que transformam o conhecimento científico e demais práticas sociais de referência segundo os objetivos sociais da escolarização. Com o intuito de aprofundar essa discussão, um dos atuais projetos de pesquisa do Núcleo (Lopes, 2000) investiga como os parâmetros curriculares nacionais para o ensino médio incorporaram, por processos de recontextualização (Bernstein) e de hibridização (García Canclini), discursos curriculares especializados sobre organização e conhecimento escolar, especialmente integração e disciplinaridade.

Tendências

Defendemos, ao longo do texto, que a marca do campo do currículo no Brasil nos anos 1990 é o hibridismo. Buscamos, com isso, compreender como se desenvolve o trânsito pela diversidade de tendências teóricas que vem definindo esse campo. Um campo assinalado, como vimos, mais pela diversidade orgânica do que pela uniformidade. Um campo em que diferentes discursos são reterritorializados. Um campo habitado por sujeitos que são em si mesmos híbridos culturais (Ladwig, 1988). Em resumo, um campo contestado em que se misturam influências, interdependências, rejeições.

O processo de hibridação ocorre com a quebra e a mistura de coleções organizadas por sistemas culturais diversos, com a desterritorialização de produções discursivas variadas, constituindo e expandindo gêneros impuros. Algumas descoleções e recoleções que caracterizam o campo do currículo no Brasil como campo contestado, hibridizado e impuro podem ser destacadas.

Uma das principais marcas do pensamento curricular brasileiro atual é mescla entre o discurso pós-moderno e o foco político na teorização crítica. Nesse sentido, são associadas a perspectiva teleológica de um futuro de mudanças, fundamentada na filosofia do sujeito, na filosofia da consciência e na valorização do conhecimento como produtor dos sujeitos críticos e autônomos, com o descentramento do sujeito, a constituição discursiva da realidade e a vinculação constitutiva entre saber e poder. Visível, principalmente, nas teorizações que envolvem as teorias pós-estruturalistas, essa mescla encontra-se também em grande parte das demais produções da área.

Outra marca que se relaciona à guinada pós-moderna se expressa na reterritorialização de discursos produzidos fora do campo educacional. Na busca de uma interpretação da escola no contexto pós-modernizado, as referências à sociologia e à filosofia são hibridizadas com as tradicionais referências do campo do currículo. Essa nova articulação tem construído novas e profícuas questões, com a emergência de novas problemáticas, redefinindo o campo do currículo. Cremos, no entanto, que esse novo quadro híbrido tem alterado de tal forma o campo, ampliando suas referências, que, por vezes, chega a assimilá-lo a outras áreas como os estudos culturais ou a própria filosofia. Em resumo, os discursos que têm penetrado na discussão sobre currículo vêm contribuindo para a constituição de novas identidades para o campo, tornando mais difusa a constituição de uma teoria do Currículo, havendo certo deslizar das temáticas de um campo a outro.

Entendemos, portanto, que estamos frente a uma redefinição do campo do currículo que envolve, não apenas a reterritorialização das referências da produção em currículo, mas a construção de novas preocupações. Nesse sentido, cremos que a principal tendência do campo é a valorização de uma certa discussão da cultura, na medida em que vêm sendo intensificadas, sob referências teóricas diversas, as discussões sobre multiculturalismo ou estudos culturais. Está em curso um processo de virada cultural que associa a educação e o currículo aos processos culturais mais amplos, contribuindo para uma certa imprecisão na definição do campo intelectual do currículo.

Essa crescente imprecisão, com a indefinição do capital cultural a ele associado, parece-nos preocupante, na medida em que, por vezes, desconsidera a especificidade da educação e dos processos curriculares. Não queremos, com isso, negar a importância dos fluxos de significados que se estabelecem entre diferentes campos e sujeitos. Acreditamos, no entanto, que a abertura para esses significados requer, como diz Hannertz (1994), a habilidade de abrir caminho nesses outros campos e de manipular seu sistema particular de significados. A relação com os demais campos precisa, portanto, se fazer na interação entre domínio e subordinação, na qual o pesquisador em currículo apropria-se daquilo que lhe é útil em outros campos, tendo, no entanto, a ideia de confrontação criativa como norteadora dessa apropriação. Nessa perspectiva, o encontro entre os diversos fluxos de significados pode ser produtivo para o campo do currículo, na medida em que

> Existe atualmente uma cultura mundial. Todas as estruturas de conhecimento e de expressão diversamente distribuídas estão se tornando inter-relacionadas de algum modo, em alguma parte. As pessoas como os cosmopolitas têm um papel especial na realização de um certo grau de coerência (...). Se no mundo só existissem habitantes locais, a cultura mundial não passaria de uma soma das suas partes separadas. (Hannertz, 1994: 264)

os pesquisadores consigam, por meio do movimento sem respeito às divisões tradicionalmente estabelecidas entre as áreas de saber, revalorizar as discussões sobre currículo, aproveitando melhor os elementos disponíveis em seu campo de origem.

Referências bibliográficas

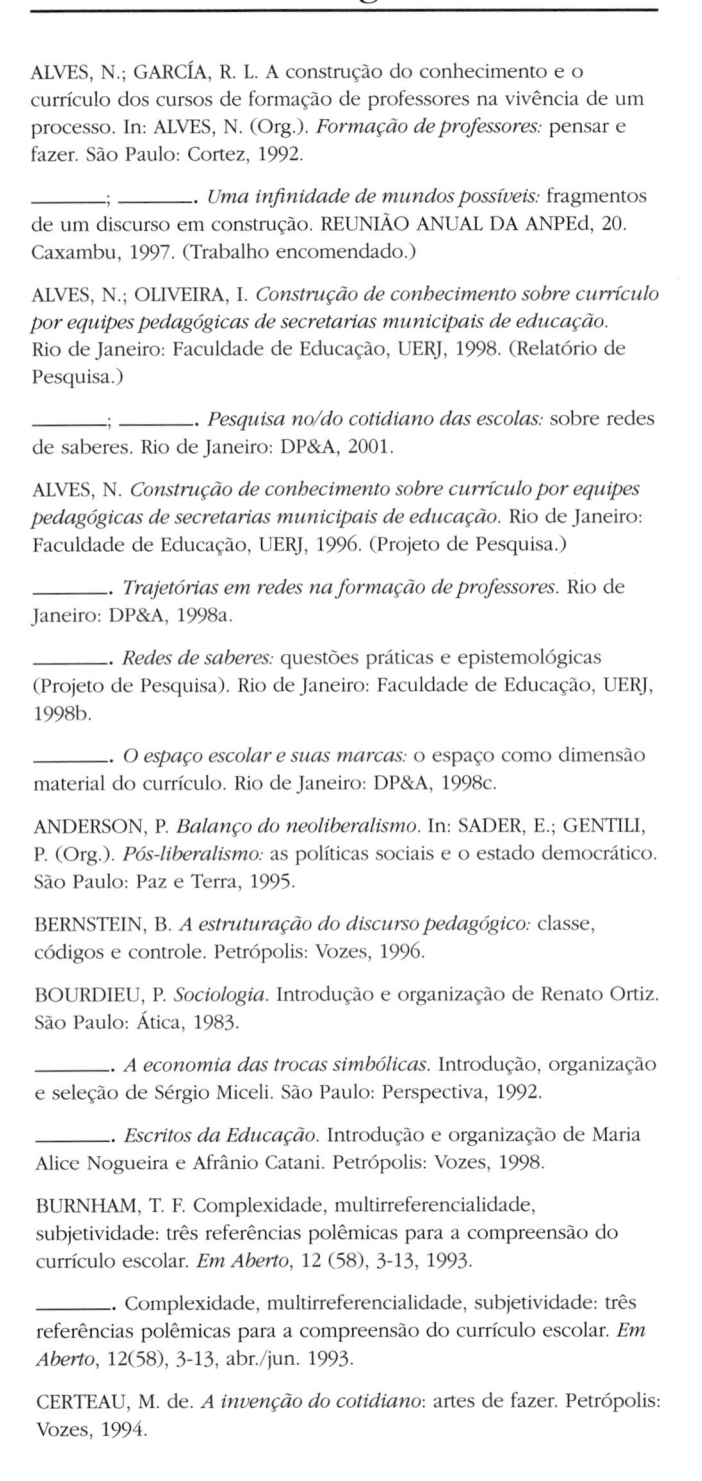

ALVES, N.; GARCÍA, R. L. A construção do conhecimento e o currículo dos cursos de formação de professores na vivência de um processo. In: ALVES, N. (Org.). *Formação de professores:* pensar e fazer. São Paulo: Cortez, 1992.

_____; _____. *Uma infinidade de mundos possíveis:* fragmentos de um discurso em construção. REUNIÃO ANUAL DA ANPEd, 20. Caxambu, 1997. (Trabalho encomendado.)

ALVES, N.; OLIVEIRA, I. *Construção de conhecimento sobre currículo por equipes pedagógicas de secretarias municipais de educação.* Rio de Janeiro: Faculdade de Educação, UERJ, 1998. (Relatório de Pesquisa.)

_____; _____. *Pesquisa no/do cotidiano das escolas:* sobre redes de saberes. Rio de Janeiro: DP&A, 2001.

ALVES, N. *Construção de conhecimento sobre currículo por equipes pedagógicas de secretarias municipais de educação.* Rio de Janeiro: Faculdade de Educação, UERJ, 1996. (Projeto de Pesquisa.)

_____. *Trajetórias em redes na formação de professores.* Rio de Janeiro: DP&A, 1998a.

_____. *Redes de saberes:* questões práticas e epistemológicas (Projeto de Pesquisa). Rio de Janeiro: Faculdade de Educação, UERJ, 1998b.

_____. *O espaço escolar e suas marcas:* o espaço como dimensão material do currículo. Rio de Janeiro: DP&A, 1998c.

ANDERSON, P. Balanço do neoliberalismo. In: SADER, E.; GENTILI, P. (Org.). *Pós-liberalismo:* as políticas sociais e o estado democrático. São Paulo: Paz e Terra, 1995.

BERNSTEIN, B. *A estruturação do discurso pedagógico:* classe, códigos e controle. Petrópolis: Vozes, 1996.

BOURDIEU, P. *Sociologia.* Introdução e organização de Renato Ortiz. São Paulo: Ática, 1983.

_____. *A economia das trocas simbólicas.* Introdução, organização e seleção de Sérgio Miceli. São Paulo: Perspectiva, 1992.

_____. *Escritos da Educação.* Introdução e organização de Maria Alice Nogueira e Afrânio Catani. Petrópolis: Vozes, 1998.

BURNHAM, T. F. Complexidade, multirreferencialidade, subjetividade: três referências polêmicas para a compreensão do currículo escolar. *Em Aberto,* 12 (58), 3-13, 1993.

_____. Complexidade, multirreferencialidade, subjetividade: três referências polêmicas para a compreensão do currículo escolar. *Em Aberto,* 12(58), 3-13, abr./jun. 1993.

CERTEAU, M. de. *A invenção do cotidiano*: artes de fazer. Petrópolis: Vozes, 1994.

CERTEAU, M. de. *A invenção do cotidiano:* morar, cozinhar. Petrópolis: Vozes, 1997.

DELEUZE, G.; GUATTARI, F. *Mil platôs.* Rio de Janeiro: Ed. 34, 1995.

DUSSEL, I.; TIRAMONTI, G.; BIRGIN, A. Hacia una nueva cartografía de la reforma curricular. Reflexiones a partir de la descentralización educativa argentina. *Revista de Estudios del Curriculum,* 1(2), 132--162, 1998.

GARCÍA CANCLINI, N. *Culturas híbridas:* estratégias para entrar e sair da modernidade. São Paulo: Edusp, 1998.

GARCIA, R. L. *Cartas londrinas e de outros lugares sobre o lugar da educação.* Rio de Janeiro: Relume Dumará, 1995.

_____. *Uma orientação educacional nova para uma nova escola.* 9. ed. São Paulo: Loyola, 1997.

_____. *Alfabetização dos alunos de classes populares.* São Paulo: Cortez, 1999.

GENTILI, P.; SILVA, T. T. da (Org.). *Escola S/A.* Brasília: CNTE, 1996.

GOODSON, I. F. *School subjects and curriculum change: studies in curriculum history.* Washington: The Falmer Press, 1983.

HANNERTZ, U. Cosmopolitas e locais na cultura global. In: FEATHERSTONE, M. (Org.). *Cultura global:* nacionalismo, globalização e modernidade. Petrópolis: Vozes, 1994.

HARVEY, D. *Condição pós-moderna.* São Paulo: Loyola, 1993.

JAMESON, F. *Espaço e imagem-teorias do pós-moderno e outros ensaios.* Rio de Janeiro: Ed. da UFRJ, 1994.

LADWIG, J. G. *World curriculum and the postcolonial subject.* CONGRESSO DE EDUCAÇÃO COMPARADA, 10. Cidade do Cabo, 1998. (Mimeo).

LEFÈBVRE, H. *Lógica formal, lógica dialética.* Rio de Janeiro: Paz e Terra, 1983.

LINHARES, C. F. & GARCIA, R. L. *Dilemas de um final de século:* o que pensam os intelectuais. São Paulo: Cortez, 1996.

LOPES, A. C. *Conhecimento escolar:* ciência e cotidiano. Rio de Janeiro: Ed. da UERJ, 1999

_____. *A organização do conhecimento escolar no "novo ensino médio".* Rio de Janeiro: Faculdade de Educação, UFRJ, 2000. (Projeto de Pesquisa.)

LUDKE, M.; MOREIRA, A. F. B. *Socialização profissional de professores.* Rio de Janeiro: PUC-Rio, UFRJ, 1996. (Relatório de Pesquisa.)

MACEDO, E. F. *História do currículo da Pós-graduação em Educação da UFRJ (1972-1994).* 1997. Tese (Doutorado) – Faculdade de Educação, Campinas.

MOREIRA, A. F. B. *Currículos e programas no Brasil.* Campinas: Papirus, 1990.

MOREIRA, A. F. B. *O currículo da Pós-graduação em Educação da UFRJ:* os dez primeiros anos. Rio de Janeiro: Faculdade de Educação, UFRJ, 1994. (Relatório de Pesquisa.)

_____. Neoliberalismo, currículo nacional e avaliação. In: SILVA, L. H.; AZEVEDO, J. C. (Org.). *Reestruturação curricular:* teoria e prática no cotidiano da escola. Petrópolis: Vozes, 1995.

_____. Os parâmetros curriculares nacionais em questão. *Educação & Realidade*, 21(1), 9-23, 1996.

_____. A psicologia... e o resto: o currículo segundo Cesar Coll. *Cadernos de Pesquisa*, (100), 93-108, 1997.

_____. A crise da teoria curricular crítica. In: COSTA, M. V. (Org.). *O currículo nos limiares do contemporâneo*. Rio de Janeiro: DP&A, 1998a.

_____. As contribuições e os impasses da teoria curricular crítica. In: CHASSOT, A.; OLIVEIRA, R. J. *Ciência, ética e cultura na educação*. São Leopoldo: Unisinos, 1998b.

_____; LOPES, A. R. C.; MACEDO, E. F. *Currículo de ciências:* um estudo sócio-histórico. Rio de Janeiro: Faculdade de Educação, UFRJ, UERJ, 2000. (Relatório de Pesquisa.)

MOREIRA, A.F.B. & MACEDO, E.F. Faz sentido ainda o conceito de transferência educacional? In: Moreira, A.F.B. (org.). *Currículo: políticas e práticas*. Campinas: Papirus, 1999.

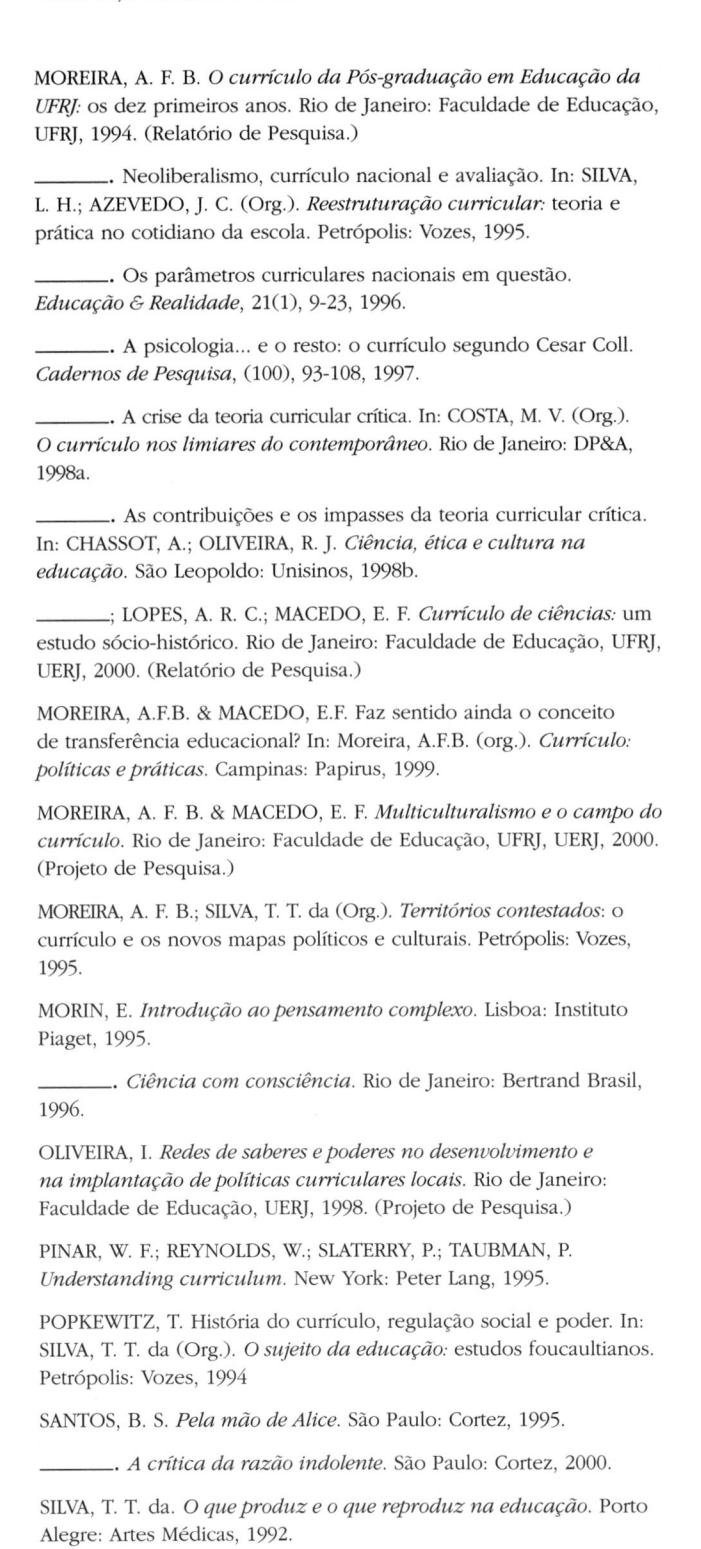

MOREIRA, A. F. B. & MACEDO, E. F. *Multiculturalismo e o campo do currículo*. Rio de Janeiro: Faculdade de Educação, UFRJ, UERJ, 2000. (Projeto de Pesquisa.)

MOREIRA, A. F. B.; SILVA, T. T. da (Org.). *Territórios contestados*: o currículo e os novos mapas políticos e culturais. Petrópolis: Vozes, 1995.

MORIN, E. *Introdução ao pensamento complexo*. Lisboa: Instituto Piaget, 1995.

_____. *Ciência com consciência*. Rio de Janeiro: Bertrand Brasil, 1996.

OLIVEIRA, I. *Redes de saberes e poderes no desenvolvimento e na implantação de políticas curriculares locais*. Rio de Janeiro: Faculdade de Educação, UERJ, 1998. (Projeto de Pesquisa.)

PINAR, W. F.; REYNOLDS, W.; SLATERRY, P.; TAUBMAN, P. *Understanding curriculum*. New York: Peter Lang, 1995.

POPKEWITZ, T. História do currículo, regulação social e poder. In: SILVA, T. T. da (Org.). *O sujeito da educação:* estudos foucaultianos. Petrópolis: Vozes, 1994

SANTOS, B. S. *Pela mão de Alice*. São Paulo: Cortez, 1995.

_____. *A crítica da razão indolente*. São Paulo: Cortez, 2000.

SILVA, T. T. da. *O que produz e o que reproduz na educação*. Porto Alegre: Artes Médicas, 1992.

SILVA, T.T. da (org.). *Teoria educacional crítica em tempos pós-modernos*. Porto Alegre: Artes Médicas, 1993.

_____. (Org.). *O sujeito da educação:* estudos foucaultianos. Petrópolis: Vozes, 1994.

_____. *Neoliberalismo, qualidade total e educação*. Petrópolis: Vozes, 1995a.

_____. *Alienígenas na sala de aula:* uma introdução aos estudos culturais em educação. Petrópolis: Vozes, 1995b.

_____. *Liberdades reguladas:* a pedagogia construtivista e outras formas de governo do eu. Petrópolis: Vozes, 1998.

_____. *O currículo como fetiche:* a poética e a política do texto curricular. Belo Horizonte: Autêntica, 1999.

_____. *O que é afinal estudos culturais?* Belo Horizonte: Autêntica, 2000a.

_____. *Pedagogia dos monstros*. Belo Horizonte: Autêntica, 2000b.

_____. *Identidade e diferença*. Petrópolis: Vozes, 2000c.

TOURAINE, A. *Crítica da modernidade*. Petrópolis: Vozes, 1995.

VEIGA-NETO, A. (Org.). *Crítica pós-estruturalista e educação*. Porto Alegre: Sulina, 1995.

YOUNG, M. Taking sides against the probable: problems of relativity and commitment in teaching and the Sociology of knowledge. In: JENKS, C. (Ed.). *Rationality, education and social organization of knowledge*. London: Routledge & Kegan Paul, 1978.

2. O currículo híbrido: domesticação ou pluralização das diferenças?[1]

Inés Dussel
Professora da Escuela de Educación da Universidad de San Andrés.

Um livro já clássico do antropólogo Nestor García Canclini introduziu, no início da década de 1990, a ideia de "culturas híbridas" para pensar a modernidade latino-americana. Argumentando com as visões "etapistas" da história regional que postulavam não caber falar de pós-modernidade quando a modernidade nem sequer chegava a ser um projeto inconcluso, Canclini postulou que as sociedades latino-americanas haviam produzido uma modernidade *sui generis*. Trata-se, segundo o autor, de uma modernidade fora de lugar – retomando a formulação do brasileiro Roberto Schwarz –, caracterizada pela hibridação de culturas, pela proliferação de estratégias e pela pluralização de temporalidades.

O texto de Canclini surgiu em paralelo com outras produções de teóricos anglo-saxões, que começaram a centrar-se no sincretismo e na hibridação das

---

[1] *Traduzido do original em castelhano por Alice Casimiro Lopes e Elizabeth Macedo.*

identidades coletivas e individuais, os objetos culturais e das práticas simbólicas e materiais. Os trabalhos de Homi Bhabha e Stuart Hall, dentre outros, deram relevo à ambivalência das identidades contemporâneas, sobretudo das identidades binárias que até então eram pensadas como homogêneas e orgânicas. Hall, por exemplo, em um artigo sobre as novas etnias, assinalou um reconhecimento crescente da diáspora das identidades negras, já não racialmente determinadas, mas configuradas por processos que desacomodam, recombinam e hibridizam as experiências identitárias (Hall, 1990). Pode-se observar uma linha ascendente na difusão do conceito: hoje, ele aparece como um termo estabelecido como ortodoxia nos estudos culturais e na teoria social, a ponto de uma compilação recente (Brah e Coomes, 2000) se ocupar dos muitos descontentamentos que sua utilização vem gerando.

Os descontentamentos são vários. Para Brah e Coombes, atrás dessa rápida expansão, se escondem as origens problemáticas do termo, profundamente enraizado no projeto colonial de dominação racial do século XIX, e se produz uma celebração acrítica das diferenças que deixa de lado desigualdades fundantes. Young (1995), por outro lado, já havia discutido, há alguns anos, a cumplicidade entre os primeiros usos do conceito e os desejos coloniais, ainda que acreditasse ser possível rearticular o termo com tradições críticas emancipatórias ou desconstrutivas.

Neste ensaio, queremos propor uma passagem pela genealogia do termo e a discussão de alguns usos que podem ser feitos pela teoria e história do currículo. Sustentaremos que pensar o currículo em termos de hibridação contribui para analisar a complexidade dos processos de produção culturais, políticos e sociais que o configuram, introduzindo novas ideias em um campo cujas perguntas foram, muitas vezes, pobres teórica e tecnicamente (por exemplo, buscando formas curriculares puras, "à prova de professores", ou postulando aplicações simplistas de teorias psicológicas ou sociológicas). Também assinalaremos que se deve produzir um "escrutínio crítico" da noção de hibridação, evitando contentar-se com observar o óbvio e, também, evitando deter o pensamento em uma ingênua celebração da pluralidade e da transgressão, que não se importa com as práticas culturais, políticas e sociais em que se inscreve o hibridismo. Como dizia Foucault, todos os conceitos são perigosos; trata-se de eleger o perigo que se vai correr, as batalhas das quais se quer livrar, as promessas que se quer enunciar e as que se quer silenciar. A hibridação tem uma história repleta de colonialismo, mas também de lutas anti e pós-coloniais. É dessa história e das perspectivas que ela abre que vamos nos ocupar neste texto.

O hibridismo e as estratégias de governo da diferença

Queria começar o relato por uma genealogia do termo que ponha em relevo a sua emergência em estratégias e debates para conter e domesticar a diversidade. O termo híbrido, informa Robert Young (1995), começou a ser utilizado no idioma inglês no século XIX, com referência à botânica e à zoologia. Embora presente na literatura desde o século XVII, fortaleceu-se com o impulso classificatório da ciência do século XIX, preocupada em identificar as espécies em taxionomias de conhecimento. Em 1828, segundo o dicionário *Webster*, o híbrido era "um mestiço ou mula; um animal ou uma planta produzido pela mistura de espécies" (Young, 1995: 6). O uso do termo aplicado a seres humanos data de meados do século XIX. Em 1813, Prichard, argumentando que os humanos eram provenientes todos de uma mesma espécie, falava em "raças mistas" ou "intermediárias". No entanto, apenas em 1860, passou-se a aceitar o uso do termo híbrido para o "filho de pais humanos de diferentes raças ou mestiço" (*Oxford English Dictionary*, citado por Young, idem).

Por que esse uso surge naquele momento? Com Foucault, está-se tentando fazer uma história das problematizações, tratando de entender qual é a

---

Lamentavelmente não contamos com genealogias do termo em outros idiomas. Chamou nossa atenção que híbrido derive do vocábulo latino *hybris*, injúria; caberia escrutinar rigorosamente a etimologia e seguir a pista da transformação da injúria em cruzamento de duas espécies ou elementos. Será que na cultura ocidental esse cruzamento sempre foi visto como uma ferida, uma ofensa, um corte na mesmidade?

A problematização é um tipo de história que busca "definir as condições nas quais os seres humanos problematizam o que são, o que fazem e o mundo em que vivem". (Foucault, 1990: 10)

relação entre a extensão do termo e a expansão dos poderes coloniais europeus. Com risco de cair em explicações um tanto mecânicas, é difícil deixar de estabelecer laços entre essa empreitada epistemológica e o projeto colonial. A suposição de que havia formas puras ou normais, representadas pelo parâmetro europeu, direcionava tanto o trabalho de botânicos e de zoólogos em viagem pelo mundo quanto a preocupação dos poderes coloniais de controlar, supervisionar e regular essa pureza em sua disseminação pelo globo. Poder-se-ia dizer que a identificação de formas mistas teve, antes de tudo, uma vontade normalizadora. Por um lado, buscava-se classificar o que surgia na fronteira do império em relação a uma norma e, assim, subordiná-lo e domesticá-lo. A classificação das raças era o passo necessário para estabelecer uma hierarquia que reafirmava o domínio europeu. Por outro, encaixar as formas mistas em uma classe (o mestiço, por exemplo) era também uma necessidade burocrático-judicial, visto que a proliferação dos tipos híbridos criava problemas de ordem administrativa e penal para as metrópoles. Poder "capturar" essa proliferação em tipos definidos e administráveis era pôr ordem em uma situação que ameaçava fugir ao controle. Subordinação e contenção/enquadramento seriam, então, dois "usos" da identificação de tipos híbridos dentro dos impérios coloniais.

> A problematização questiona o pensamento, os gestos e atitudes que parecem naturais, e trata de reinscrevê-los como parte das transformações de uma prática que enfrenta dificuldades e obstáculos e para a qual diversas soluções práticas parecem razoáveis e factíveis. Não é um tropos retórico nem um tópico, mas uma forma de conceber um sujeito, de olhar um problema, de definir códigos e discursos que são apropriados para lidar com ele.

> A denguice do mulato, é certo que vai às vezes ao extremo da molície – certas ternuras de moça, certos modos doces, gestos quase de mulher agradando homem, em torno do branco socialmente dominante. Alguma coisa do adolescente diante do homem sexual e socialmente maduro, o homem completo e triunfante que ele, adolescente, no íntimo quer exceder (...). Socialmente incompleto, o mulato procura completar-se por esse esforço doce, oleoso, um tanto feminino. (Freyre, 1996: 647)

> O inglês tornou-se também a língua franca na medida em que qualquer pessoa letrada no mundo é, no sentido bem real, alijada se não souber inglês. Pobreza, fome e doenças são instantaneamente reconhecidas como as formas mais cruéis e menos desculpáveis de privação. A privação linguística é uma condição menos facilmente observável, embora de grande significado. (Burchfield, 1985: 160-1)

As formas mistas ou híbridas se centraram, basicamente, em torno de dois eixos de preocupações: a linguagem e o sexo (Young, 1995). A primeira preocupação pode ser vista em todas as obras que se ocupam da fusão e da contaminação de linguagens, que descrevem as línguas creoles caracterizadas pelo contato e pela combinação de dois ou mais idiomas. Se a língua sempre foi "companheira do império", no dizer de Antonio de Nebrija, criador da primeira gramática espanhola em 1492, no século XV, essa associação teve outra visibilidade na configuração do poder colonial. A filologia e a antropologia se uniram às burocracias coloniais na revelação, representação e codificação das línguas indígenas e das línguas criadas pelo cruzamento cultural e político produzido pelos impérios europeus.

O segundo eixo de preocupações foi o sexo, inscrito na biopolítica imperial de controle/polícia da população da metrópole e da colônia. O sexo veio condensar a questão da mistura de raças. Os poderes coloniais seguiram políticas diversas, alguns favorecendo a mestiçagem nas colônias e outros perseguindo-a. Veja-se, por exemplo, o estudo de Ann Laura Stoler (Stoler, 2000) sobre as políticas francesa e holandesa, respectivamente, na Indochina/Vietnã e Indonésia. No caso ibero-americano, pode-se ressaltar que, se os impérios ibero-americanos, herdeiros de outras tradições político-epistemológicas, tenderam mais à mestiçagem do que à segregação racial, isso não implicou maior justiça ou igualdade nas relações entre as raças, mas em fronteiras mais lábeis. As sociedades coloniais estiveram fortemente hierarquizadas em termos raciais, porém as "castas" (como eram chamadas) não eram ordens fechadas nem impenetráveis.

A questão da hibridação estava, desde então, unida a discussões biopolíticas mais gerais. A preocupação com o sexo associava-se com a preocupação com a fertilidade. É conveniente recordar que algumas espécies híbridas, como a mula ou o asno, são estéreis, de modo que chamar de híbridos aos descendentes da combinação parecia um argumento suficiente para evitar ou denegrir a mistura de espécies. Tanto a antropologia como a biologia do século XIX sustentaram acalorados debates sobre se a hibridação produzia esterilidade, com o objetivo de, entre outras coisas, definir se as raças humanas eram espécies ou variedades distintas. Supunha-se que, se as raças fossem espécies diferentes, sua prole seria estéril. O caso da população da América do Sul e Central, no entanto, tendia a reforçar o argumento da variedade humana. Darwin dedicou um capítulo, em *A origem das espécies* (1859), ao "hibridismo", concluindo que não há uma regra absoluta para a fertilidade dos híbridos, mas "muitas leis curiosas e complexas", leis singulares e variáveis, que regulavam a relação entre espécies e variedades distintas (Darwin, 1900/1859: 298; Young, 1995: 11-12)[2].

No entanto, a questão da hibridação assumiu outra feição no fim do século XIX quando o higienismo entrou em cena como estratégia de regulação das populações e como base central da construção da nação. Nessa época, a mistura adquiriu um valor negativo não apenas político, mas também moral e cultural. A saúde, novo parâmetro de ordem e de virtude, significava, sobretudo, evitar a contaminação, o contato com outros, o fluxo incontrolado (Salessi, 1995). Se já não podia se afirmar que a hibridação produzia exemplares estéreis, uma nova suspeita trazida pela teoria da degeneração se instalou. Mais uma vez foi invocado o caso sul-americano da mistura

---

[2] *Dentro do mesmo capítulo, Darwin introduz uma referência a Spencer sobre "o princípio da vida" que regula todas as espécies, princípio que contém muitos dos pressupostos do evolucionismo biológico e sociológico dominante em décadas posteriores. Dizia Darwin: "(há) um vínculo desconhecido, mas comum (que conecta diversos fenômenos), que está essencialmente relacionado com o princípio da vida; sendo esse princípio, de acordo com o Sr. Herbert Spencer, que a vida depende de, ou consiste em, ação e reação incessantes de várias forças que, como em toda a natureza, estão sempre tendendo a um equilíbrio; e, quando essa tendência é apenas modificada por alguma mudança, as forças vitais aumentam o seu poder" (Darwin, 1990/1859: 304--305). É interessante localizar esse enunciado dentro dos debates sobre a fertilidade das espécies híbridas e sobre o futuro das "raças humanas" do século XIX, porque configura um argumento que traduz as lutas coloniais em chave biológica.*

racial para ressaltar como, a despeito do transplante de uma raça europeia, o contato havia trazido a degeneração e a degradação a seus descendentes (Young, 1995: 16). As taxas declinantes de fertilidade, atribuídas ao clima e à mistura racial, as guerras civis e o reduzido progresso econômico demonstravam os efeitos nocivos da mistura.

A estratégia biopolítica higienista e os ecos da teoria da degeneração podem ser fortemente observados nos programas escolares de fins do século XIX. No caso da história, buscou-se embranquecer a raça da pátria e entronizar a versão creole oficial. No ensino das línguas, estabeleceu-se a língua correta, vigiando-se de perto a introdução de modismos ou de termos de outros idiomas (daí toda a parafernália legalista perseguindo galicismos, anglicismos, barbarismos – pela linguagem popular –, dentre outros). Enfim, em matérias como a higiene escolar, produziram-se saberes e estratégias encarregados do disciplinamento do corpo, como o asseio, o cuidado com a vestimenta, a higiene pessoal, todos eles buscando a subordinação à autoridade médica-estatal.

Nessa época, também, alguns usos afirmativos ou irônicos do termo foram registrados. Os exemplos de Robert Young são da Inglaterra, mas outros poderiam ser encontrados na América Latina (penso, por exemplo, em Benito Juárez e na afirmação da raça mestiça como símbolo da nação mexicana, que se construiu depois da revolução de 1867). Os ingleses, herdeiros de anglos e saxões, de celtas e francos, normandos e daneses, foram ridicularizados por alemães (teutos puros para o estado bismarquiano pós-1871) como um caos sem raça ou uma raça mula. Por outro lado, Herbert Spencer afirmou que a Inglaterra era um exemplo de sociedade que havia progredido pelo amálgama de diversas raças. John Crawford observou, em 1861, que "Quem sabe não seremos mais que híbridos, e no entanto, provavelmente, não sejamos os piores por isso" (em Young, 1995: 17).

Pode-se ver, então, que a história da hibridação como forma de problematizar o vínculo entre seres diferentes se associa a diversas estratégias e discursos para conter e domesticar a diversidade e, às vezes, também para afirmá-la positivamente como no uso irônico que fizeram nações impuras ou sujeitos coloniais.

A hibridação na teoria contemporânea: novidade ou obviedade?

Nas últimas décadas, a noção de hibridação ganhou novo impulso, desta vez para descrever os fenômenos difusos da cultura contemporânea (Garcia Canclini, 1990). Para alguns, essa disseminação ou proliferação de diferenças, essa mistura de fronteiras, é o signo mais claro da ruptura

---

As identidades pós-modernas são trans-territoriais e multilinguísticas. Estruturam-se menos pela lógica dos estados do que pela dos mercados; em vez de se basearem nas comunicações orais e escritas que cobriam espaços personalizados e se efetuavam através de interações próximas, operam mediante a produção industrial de cultura, sua comunicação tecnológica e pelo consumo diferido e segmentado de bens. (Garcia Canclini, 2001: 59)

da modernidade e da irrupção de novas lógicas. Entretanto, não queremos repetir a autoconfiança pós-moderna que defende que esta é a primeira vez na história que os seres humanos podem desfrutar de um mundo complexo, mais difuso e mais fragmentado (Stoler e Cooper, 1997). A complexidade não é patrimônio dos contemporâneos. De qualquer maneira, temos que ser cuidadosos em assinalar os elementos novos na experiência atual que marcam algumas rupturas em como se expressa e se vive essa complexidade. Sustentamos que essa novidade é o que denota, ao menos em parte, o termo hibridação.

Uma das questões básicas que podem ser assinaladas nos usos contemporâneos do termo é a ruptura com a ideia de pureza e de determinações unívocas. A hibridação não só se refere a combinações particulares de questões díspares, como nos recorda que não há formas (identitárias, materiais, tecnologias de governo etc.) puras nem intrinsecamente coerentes, ainda que essa mescla não seja intencional. Um dos teóricos mais importantes do pós-colonialismo, Homi Bhabha, sinaliza que o híbrido é um resultado da cultura colonial que se nega a si mesma. A replicação ou imitação que se dá nas fronteiras do império envolve sempre um deslizamento, uma ruptura que produz uma versão híbrida do original. O interessante é que Bhabha, longe de ficar na denúncia dessa cópia de segunda mão,

> O que é teoricamente inovador e politicamente crucial é a necessidade de passar além das narrativas de subjetividades originárias e iniciais e de focalizar aqueles momentos ou processos que são produzidos na articulação de diferentes culturas. Esses "entre-lugares" fornecem o terreno para a elaboração de estratégias de subjetivação – singular ou coletiva – que dão início a novos signos de identidade e postos inovadores de colaboração e contestação, no ato de definir a própria ideia de sociedade. (Bhabha, 1998: 20)

ou de postular uma essência nacional que resiste à metrópole, afirma a produtividade dessa mistura, desse "fora-de-lugar" ou "um-homeliness" que têm os híbridos (Bhabha, 1994). A hibridação aparece, então, como uma estratégia para discutir a proeminência do essencialismo, para pôr em questão a busca de entidades puras e não contaminadas, tanto na versão colonial como na anticolonial. O autor propõe uma discussão no interior das políticas do multiculturalismo, ao acentuar a mescla e a contaminação como bases da identidade, e não, como na versão dominante das políticas do reconhecimento, a pureza e a homogeneidade.

À ruptura política se soma uma ruptura epistemológica. Young (1995) assinala que os novos usos da hibridação se produzem em "economias complexas de reticulação agonística", e não na lógica da dialética hegeliana da tese e antítese. Nesse sentido, há que insistir que esse novo híbrido postulado pela teoria pós-colonial não é uma síntese dialética, mas uma ruptura e uma associação ao mesmo tempo, uma simultaneidade impossível do mesmo e do outro. Quando se quer converter dois em um (ou híbrido), de fato tenta-se converter o mesmo em outro, e o outro no mesmo[3]. Também se

---

[3] *Zizek, de cujo projeto não nos ocuparemos aqui mais do que tangencialmente, diria provavelmente que Hegel pode ser "resgatado" pela teoria contemporânea e que a dialética não tem por que ser essencialista nem historicista. (Ver, entre outros, Zizek, 1992.)*

rompe com a lógica aristotélica de que algo "não pode ser e não ser ao mesmo tempo": o híbrido é ambas coisas, e é uma terceira também – o novo.

John Krasniauskas (2000), pondo juntos os postulados de Bhabha e de Canclini, também situa o termo como parte de uma "política da teoria", na qual disputam, se articulam e se desenvolvem usos alternativos do híbrido. Seja a partir da psicanálise e da literatura, como Bhabha, ou a partir da sociologia e da antropologia, como Canclini, a hibridação vem denotar a coexistência de múltiplas temporalidades na modernidade. Fica clara também a produtividade da margem, do ex-cêntrico, dos "terceiros espaços" que estão dentro/fora da cultura ocidental.

Os trabalhos empíricos sobre a hibridação têm sido, em alguns casos, mais decepcionantes. Na revisão de Annie Coombes (2000) sobre os monumentos históricos na África do Sul pós-*apartheid*, descreve-se a "reapropriação" do Monumento aos Voortrekker ou pioneiros Boer da era do *apartheid* por parte do Estado liderado pela nova maioria negra. De uma construção monolítica destinada a invocar a versão branca da história nacional, passou-se a ter outros usos, irônicos, indiferentes ou claramente transgressores (como sua utilização como cenário para fotos quase-pornográficas). Esses usos diversos são, para a autora, signos de que o monumento se converteu em

A pedra original do monumento foi posta em 1938, 100 anos depois da marcha de famílias Boer contra o domínio inglês. Foi considerada uma peça essencial do nacionalismo afrikaaner.

um híbrido que, "ainda que não seja capaz de des-investir o monólito de seu passado ignóbil e opressivo, oferece ao menos a possibilidade de indiferença no futuro" (Coombes, 2000: 195). Sandra Klopper (2000), por outro lado, investiga a africanização dos trajes e da moda na África do Sul contemporânea, concentrando-se no estilo sartorial dos líderes políticos do Congresso Nacional Africano. Muitos desses líderes estiveram exilados na Europa e na América do Norte, e sua experiência diaspórica os converteu em mais ocidentais que muitas outras elites políticas africanas. Até 1993, eles usavam trajes ocidentais e zombavam dos norte-americanos que os visitavam envolvidos em tecidos estampados e coloridos por pensarem na África como o estereótipo do exótico. Por volta da segunda metade da década de 1990 começou-se a produzir uma transformação nos códigos de vestimenta, encabeçada por Mandela, em direção aos cortes e tecidos mais típicos de outros países da África Ocidental, aproximando os sul-africanos do estilo que antes criticavam. Os desenhistas seguiram essa tendência e criaram uma roupa que combinava cortes e tecidos africanos com a alta costura europeia. Para Klopper, essa africanização da vestimenta é um híbrido que se caracteriza por uma "reavaliação complexa não só de seu passado, mas também da relação cambiante com o resto da

Mandela foi criticado por vestir roupa muito colorida. O bispo Tutu criticou suas camisas de seda estampadas e disse que prejudicavam a dignidade de seu posto. Mandela lhe respondeu: "Isso é um pouco forte vindo de um homem que usa vestidos". (Citado por Klopper, 2000: 227)

África" (Klopper, 2000: 228). Trata-se de um correlato de um novo sentido da identidade, produto da diáspora, da marginalização e de uma nova afirmação de seu poder.

Os dois estudos assinalam processos de apropriação e mescla cultural contemporâneos de forma muito perspicaz, nos quais o velho e o novo se rearticulam, nos quais se invertem as relações de dominador-dominado e se produzem novos sincretismos e misturas. Entretanto, tem-se a sensação de que o que assinalam, para além da riqueza das descrições, se coloca em território conhecido e parece mais óbvio que novo. Afinal de contas, há tantas diferenças entre a africanização da vestimenta e a "invenção da tradição" de que falavam Hobsbawm e Ranger anos atrás? Faz falta toda a sofisticação da teoria da hibridação para descrever esses processos culturais? Sobretudo, há por acaso alguma cultura que não produza misturas, que não atue sincreticamente sobre produtos ou dinâmicas de outras culturas?

Sinalizamos anteriormente que a complexidade não é patrimônio dos contemporâneos, mas cremos que há alguns elementos novos na experiência atual. Esses elementos são os que tentam descrever e desenvolver a teoria da hibridação. Trataremos de defender essa novidade a partir da análise de alguns usos dessa teoria para o estudo do currículo.

O currículo híbrido: ampliando os usos

Seguindo com os questionamentos anteriores, pode-se dizer que é possível encontrar discursos híbridos na educação desde a emergência da escola pública. A própria noção de currículo pode ser considerada como um híbrido, se a pensamos como o resultado de uma alquimia que seleciona a cultura e a traduz a um ambiente e uma audiência particulares (Bernstein, 1990; Popkewitz, 1998). Os discursos curriculares também têm sido estudados como híbridos que combinam distintas tradições e movimentos disciplinares, construindo coalizões que dão lugar a consensos particulares. Kliebard (1986), por exemplo, tem assinalado que o currículo norte-americano é um híbrido de pelo menos quatro tradições: a humanista, centrada nas disciplinas tradicionais; a pedagogia centrada na criança ou paidocentrismo; o eficientismo social de Taylor e Bobbitt; e o reconstrucionismo social dos anos 1930, que postulava a importância da reforma social como eixo do currículo. Para Kliebard, o currículo "ajustado às solicitações da vida", que emerge no anos 1950, é o resultado das lutas entre essas tradições. Essas lutas criaram camadas sucessivas de sentido que conseguiram se afirmar em territórios, instituições ou disciplinas diversas. O trabalho de Kliebard foi muito importante na teoria curricular de fins dos

---

O currículo flutua constantemente ao longo do tempo em resposta às necessidades sociais e econômicas. Além disso, em um dado momento, ele não é uma reflexão coerente e explícita sobre o que uma sociedade espera que suas crianças e adolescentes saibam. Até as expressões formais e documentadas sobre aquilo que os currículos devem ser não são nada consistentes, sendo frequentemente contraditórias. (...) Nesse sentido, o currículo representa mais um cruzamento nebuloso de interesses de variados grupos em uma sociedade do que uma expressão articulada de forma unificada e não ambígua de valores de uma cultura. (Kliebard, 1992: 12)

anos 1980 e dos anos 1990, criticando o determinismo e o simplismo da história revisionista norte-americana e da teoria reconceptualista que havia sido sua principal tributária. Ele o fez em dois movimentos: por um lado, estabeleceu a relevância dos distintos grupos curriculares e desenvolveu a heterogeneidade de suas propostas; mas, por outro, em uma operação que nos parece fundamental, assinalou a historicidade e especificidade do currículo, acentuando como essas tradições foram surgindo umas em relação às outras, superpondo-se, opondo-se, articulando-se, configurando assim um espaço plural que não é possível dotar de um só sentido.

O que é novo, então, na hibridação contemporânea? Tomando as sinalizações de Bhabha e de García Canclini, diremos que um de seus traços principais é a rapidez com a qual opera para incluir distintos discursos e, portanto, a velocidade com a qual se perdem os marcadores originais do discurso. Um exemplo dessa dinâmica é a apropriação de reformas curriculares estrangeiras. Tomemos o caso da reforma curricular argentina. Em seus primeiros anos, a reforma argentina foi proposta como o reflexo da reforma espanhola levada a cabo nos anos 1970 e reformulada nos anos 1980 pelo governo socialista de Felipe González. Por sua vez, os espanhóis haviam adotado muitas das reformas dos Estados Unidos para produzir sua própria mudança, influência que não foi reconhecida. Mais adiante, porém, quando a reforma espanhola foi crescentemente considerada um fracasso, a retórica oficial foi-se deslocando em direção a outros países europeus e latino-americanos (Portugal, França, Colômbia, Chile) para encontrar legitimidade. Em cada passo, os traços do contexto original, sua própria sistematicidade e historicidade, foram apagados e disseminados em uma mescla de políticas cuja emergência já não era reconhecível.

A hibridação, então, opera através da mobilização de distintos discursos dentro de um âmbito particular. Articula modelos externos e, ao fazê-lo, repete um dos movimentos tradicionais feitos na periferia em relação ao centro – a impossível, sempre frustrada, cópia do original, como dizia Bhabha (1994) –, mas também articula diferentes tradições e discursos. Nessa nova montagem de conceitos e de figuras, nessas novas séries e equivalências discursivas, cria novos sentidos.

Essa operação, entretanto, não se realiza no vazio. Ainda que certamente concordemos com a ideia de que não há significados essenciais para um conceito (como disse Wittgenstein, "os conceitos têm asas"), essas "asas" se desenvolvem em condições históricas particulares, que impõem certos limites à articulação de novos sentidos. Assim, a Reforma Geral da educação espanhola ou a experiência colombiana da Nova Escola

---

Ver o caso da banda de *rock* Hybrid Theory: "A maior confusão a nosso respeito é de que somos apenas uma banda de *rock*", descreve Brad Delson, guitarrista de Linkin Park, "Pensamos que nossa música é um cruzamento de muitos gêneros; um híbrido daquilo em que cada um de nós seis vive". O título do primeiro álbum da banda e seu nome original, Hybrid Theory, descreve tanto os objetivos dos seis artistas quanto a sua maneira de fazer música. O som de Linkin Park, uma mistura de *rock* pesado alternativo, *hip-hop* e floreios eletrônicos, é totalmente seu, uma realização fortalecida pela composição notavelmente poderosa e orgânica da banda. Mas quase tudo sobre a Linkin Park permanece desconhecido, incluindo sua origem sul-californiana.
(http://www.linkinpark.com/lphtml/conten/bios/)

se movimentam dentro de um discurso curricular que também dá conta, direta ou indiretamente, das tradições e experiências nacionais e locais. A hibridação, então, implica um processo de tradução que põe essas novas experiências e direções em relação com as que já estavam disponíveis previamente. Assim como no palimpsesto encontramos vestígios de escrituras prévias, nos discursos híbridos há também sentidos e articulações prévias que formam parte de sua textura.

Os discursos da reforma curricular argentina, seguindo com o exemplo, retomaram elementos prévios, como a tradição federal e de autonomia provincial que vinha do século XIX e que foi arvorada pelo peronismo como símbolo de democracia e de quebra da hegemonia centralizadora anterior. Também recuperaram os discursos democráticos da década de 1980, produto da luta antiditatorial e mais ligados às teorias institucionalistas e liberal-democráticas, ainda que essa recuperação tenha sido muito mais tímida e, eventualmente, relegada ao esquecimento. Finalmente, incorporaram os discursos internacionais da reforma, sobretudo a ideia de *management*-centrado-na-escola e de autonomia e de profissionalização docentes baseadas no domínio do conhecimento especializado, que provinham de tradições e políticas muito diferentes (cf. Popkewitz, 1998). O resultado não é um "pastiche" desconexo, mas uma rearticulação de discursos heterogêneos que produziram efeitos profundos na estrutura do sistema educativo, criando novos sujeitos da determinação curricular (os especialistas disciplinares, os técnicos das províncias que tiveram a seu cargo a confecção de desenhos curriculares provinciais) e instituindo novas lógicas e legitimidades dentro do currículo (cf. Dussel et alii, 2000).

Finalmente, em nossa revisão dos discursos híbridos, quisemos nos distanciar da mera celebração do pluralismo, que crê que a multiplicidade ou o magma de discursos envolvidos na hibridação elimina, *per se*, as hierarquias e os binarismos. No exemplo da reforma curricular argentina, é possível ver como a hibridação interrompe as hierarquias estabelecidas de discursos, mas para construir uma nova, não necessariamente mais democrática, povoada de especialistas e de técnicos que ocupam a posição que antes tinham os políticos ou os intelectuais orgânicos do Estado. A hibridação mobiliza alguns sentidos e reprime ou apaga outros. Constrói-se tanto pelo reconhecimento e sanção de alguns discursos, como pelo esquecimento e repressão de outros (Shapiro, 1997). Não é a panaceia que acabará com a desigualdade nem é ela, tampouco, a culpada de todos os males. É um bom indicador do novo território em que se dá a luta: um território mais móvel, mais lábil, menos afincado e mais des-investido de tradições e passados, os quais rapidamente se deixa de lado. Se provê uma estratégia de luta significativa contra o essencialismo de todo tipo, também corre o risco de obscurecer a profunda desigualdade que segue existindo em nossas sociedades. Mas aqui convém citar novamente Foucault, quando diz que "enquanto outras políticas só reconhecem necessidades ideais, determinações unívocas ou o livre jogo das iniciativas individuais, uma política progressista reconhece as condições históricas e as regras específicas de uma prática" (Foucault, 1991/1968: 70).

Tratamos, neste artigo, de descrever as práticas teóricas e políticas da hibridação, para assinalar os limites e as possibilidades que inaugura. Cabe-nos agora enfrentar a pergunta ética e política de qual é o uso que faremos dela.

Referências bibliográficas

BERNSTEIN, B. *The structuring of pedagogic discourse*. New York/Londres: Routledge, 1990.

BHABHA, H. *The location of culture*. London/New York: Routledge, 1994.

_____. *O local de cultura*. Belo Horizonte: Editora da UFMG, 1998.

BRAH, A.; COOMBES. A. E. Introduction: the conundrum of "mixing". in: BRAH, A.; COOMBES, A. (Ed.). *Hibridity and its discontents. Politics, science, culture*. London/New York: Routledge, 2000. p. 1-16.

BURCHFIELD, R. W. *The english language*. Oxford: Oxford University Press, 1985.

COOMBES, A. Translating the past: apartheid monuments in post-apartheid South Africa. In: BRAH, A; COOMBES, A. E. Eds. *Hibridity and its discontents. Politics, science, culture*. London/New York: Routledge, 2000. p. 173-197.

DARWIN, Ch. *The origin of species*. New York: P. F. Collier & Son, 1900/1859.

DUSSEL, I.; TIRAMONTI, G.; BIRGIN, A. Decentralization and recentralization in the argentine educational reform: reshaping educational policies in the '90s. In: POPKEWITZ, T. (Ed.). *Educational knowledge:* changing relationships between the state, civil society, and the educational community. Albany: State University of New York Press, 2000. p. 155-172.

FREYRE, G. *Sobrados e mocambos 2:* decadência do patriarcado rural e desenvolvimento urbano. Rio de Janeiro: Record, 1996.

FOUCAULT, M. *The use of pleasure. The history of sexuality*. Trad. R. Hurley. New York: Vintage Books, 1990.

_____. Politics and the study of discourse. In: BURCHELL, G.; GORDON, C.; MILLER, P. (Ed.) *The Foucault effect:* studies in governmentality. Chicago: The University of Chicago Press, 1991/1968. p. 53-72.

_____. What our present is. In: LOTRINGER, S. (Ed.). *Michel Foucault. The politics of truth*. New York: Semiotext(e), 1997/1981. p. 147-168.

GARCÍA CANCLINI, N. *Culturas híbridas. Estrategias para entrar y salir de la modernidad*. México: Grijalbo/Conaculta, 1990. (Trad. inglesa: *Hybrid cultures. Strategies for entering and leaving modernity*. Minneapolis London: University of Minnesota Press, 1995. Trad. Ch. Chiappari e S. López.)

_____. *Consumidores e cidadãos*. Rio de Janeiro: Editora da UFRJ, 2001.

HALL, S. New ethnicities. In: BAKER JR., H.; DIAWARA, M.; LINDENBORG, R. (Ed.). *Black british cultural studies. A reader.* Chicago London: The University of Chicago Press, 1996/1988. p. 130-145.

KLIEBARD, H. *The struggle for the american curriculum, 1893-1958.* New York/London: Routledge & Kegan Paul, 1986.

_____. *Forging american curriculum.* New York: Routledge, 1992.

KLOPPER, S. Re-dressing the past: the Africanisation of sartorial style in contemporary South Africa. In: BRAH, A.; COOMBES, A. E. (Ed.). *Hibridity and its discontents. Politics, science, culture.* London/New York: Routledge, 2000. 216-232.

KRASNIAUSKAS, J. Hibridity in a transnational frame. In: BRAH, A; COOMBES, A. E. (Ed.). *Hibridity and its discontents. Politics, science, culture.* London/New York: Routledge, 2000. p. 235-256.

POPKEWITZ, Th.S. *Struggling for the soul. The spatial politics of teacher education reform.* New York: Teachers'College Press, 1998.

ROSE, N. *Powers of freedom. Reframing political thought.* Cambridge, UK/New York: Cambridge University Press, 1999

SALESSI, J. *Médicos, maleantes y maricas. Higiene, criminología y homosexualidad en la construcción de la Nación Argentina (Buenos Aires, 1871-1914).* Rosario: Beatriz Viterbo Editora, 1995.

SHAPIRO, M. *Violent cartographies. Mapping cultures of war.* Minneapolis/London: University of Minnesota Press, 1997.

STOLER, A. L.; COOPER, F. Between metropole and colony. Rethinking a research agenda. In: COOPER, F.; STOLER, A. L. (Ed.). *Tensions of empire. Colonial cultures in a bourgeois world.* Berkeley/Los Angeles/London: University of California Press, 1997.

STOLER, A. L. Sexual affronts and racial frontiers: european identities and the cultural politics of exclusion in colonial Southeast Asia. In: BRAH, A.; COOMBES, A. E. (Ed.). *Hibridity and its discontents. Politics, science, culture.* London/New York: Routledge, 2000. p. 19-55.

YOUNG, R. *Colonial desire. Hibridity in theory, culture and race.* London/New York: Routledge, 1995.

ZIZEK, S. *O sublime objeto da ideología.* México: Siglo XXI, 1992.

3. Uma história da contribuição dos estudos do cotidiano escolar ao campo de currículo[1]

Nilda Alves
Professora titular da Universidade do Estado do Rio de Janeiro (UERJ). Presidente da Associação Nacional de Pós-graduação e Pesquisa em Educação (ANPEd) (1999-2001 e 2001-2003).

Inês Barbosa de Oliveira
Professora adjunta da Universidade do Estado do Rio de Janeiro (UERJ).

Os primórdios dos estudos do cotidiano escolar: o modo oficial de se 'ver' a escola e o que nela se passa

Houve um tempo em que, especialmente em estudos sobre o cotidiano escolar desenvolvidos nos Estados Unidos, falava-se do cotidiano escolar como sendo uma 'caixa-preta'. Essa metáfora foi, talvez, tomada de empréstimo à 'caixa-preta' do ensino de ciências, um instrumento 'inventado' para estimular em alunos a criação de ideias, por meio de perguntas que os levavam a 'imaginar' o que haveria dentro de uma caixa fechada, na qual o

Os estudos do grupo continuaram. A cada quinze dias, lá estavam eles discutindo sobre currículo e escola.

---

[1] *Quando dizemos "uma história" queremos deixar claro que muitas ainda podem e precisam ser escritas.*

professor colocara certos objetos que faziam barulho, tinham um certo peso, se moviam de alguma forma etc. Nesse sentido, interessava menos a relação do que estava lá dentro com aquilo que o aluno inventava, e mais o que era 'inventado' pelo aluno, como possibilidades criativas e inventivas.

Essa ideia deve ter surgido, ainda, da metáfora da 'caixa-preta' da mecânica e da tecnologia lógica. Tem a ver, também, com o momento em que a chamada "teoria de sistemas" aparece e ganha hegemonia, sob a influência marcante das origens da administração (escolar e educacional, entre tantas), o que indica a decisiva importância de 'reformas' originadas da cúpula do sistema educativo para mudanças nos processos educativos de escolas, sem que o que se passava lá dentro importasse muito, apenas sendo "verificado" e verificável a partir dos resultados de saída dos alunos. Do ponto de vista oficial, podemos afirmar que essa ideia continua mais hegemônica no mundo inteiro hoje. A aplicação das provas de final de ciclos e cursos, como se faz em nosso país e tantos outros, nos fornece essa confirmação.

O uso dessa 'metáfora', e a sua operacionalidade como forma de entendimento do cotidiano, tentava nos indicar a impossibilidade de se saber o que, de fato, se passa dentro da escola, sustentando, paralelamente, a ideia de que certas aproximações possíveis não poderiam

Iremar foi logo ao *Aurélio* e viu que a expressão caixa-preta surgiu em 1945, durante ou logo depois da Segunda Guerra Mundial, portanto. Segundo este dicionário, em mecânica e tecnologia lógica, este nome é dado a qualquer elemento, máquina ou dispositivo cujo funcionamento não se tem nenhum conhecimento por acesso direto, sendo apenas identificado e caracterizado através da verificação da relação existente entre as informações ou estímulos que chegam a ele (entrada) e as respostas de saída.

Joanir, curiosa como sempre e guardadora de documentos e revistas antigas, foi buscar o texto original e informou ao grupo que: uma das questões se refere à interpretação dos resultados que exigia, na pesquisa analisada, dados de diversas origens e observadores de campo que possuíam diferentes métodos de ação, organizando-os de modo a permitir interpretações significativas (p. 9). Os três aspectos metodológicos, sobre os quais o autor chama a atenção, são: os limites do caso, problemas do estudo e padrões nos dados. Sobre o primeiro, lembra Stake, que os limites, mais, talvez, do que as tendências centrais, na minha opinião, merecem maior atenção, pois muito do significado do caso é encontrado em suas extremidades, tendo em vista a influência especialmente exercida por elementos circundantes, por seu contexto (p. 11). Sobre o segundo, o autor indica que os problemas são organizadores conceituais [já que] a palavra problema lembra-nos de que os assuntos ou questões para indagações possuem componentes de valor e são potencialmente contenciosos (p. 12). Quanto ao terceiro aspecto, Stake escreve que padrões são regularidades que nos possibilitam um discernimento sobre a natureza do problema, indicando que os pesquisadores naturalistas continuam a necessitar de melhores procedimentos para trabalhar com padrões de dados, sem, necessariamente, recorrer mais a listas de classificação (p. 12).

contar, senão, com a inventividade dos que ao seu estudo se dedicassem. Para além da impossibilidade de ser entendido, o cotidiano, como "caixa-preta", foi considerado como negligenciável. Ou seja, não importando o que se passa no interior da 'caixa--preta', a intervenção no sistema deve se dar sobre os planos de entrada (*inputs*), a partir de uma realimentação com dados obtidos na finalização do processo anterior (*feedback*), possível por meio da avaliação dos indicativos fornecidos pelos resultados de saída (*outputs*).

Tem-se, assim, um "ideal de escola" ou uma "escola ideal" planejada do alto (e de fora) e compreendida como *locus* de aplicação desses planos. Envia-se lá para dentro recursos – humanos e materiais – e verifica-se o trabalho lá dentro desenvolvido através de provas gerais (nacionais), cujos resultados nos dão conhecimento do que lá se passou em certo período. Muitas vezes, em caso de *outputs* indesejáveis como o fracasso escolar, os responsáveis pelos planos e pelos recursos podiam – e ainda o fazem hoje – acusar a 'caixa-preta' de mau funcionamento, responsabilizando professores e alunos por falhas na aplicação dos referidos recursos.

O uso das teorias sistêmicas para a interpretação do cotidiano seguia, nesse sentido, toda uma tendência de redução do real a suas variáveis controláveis do exterior. Hoje, temos condição de perceber que essas noções encontravam espaços nos estudos do cotidiano, em especial, porque se entendia/entende, hegemonicamente, o 'mundo da escola' como um mundo separado do mundo real, dependendo daquilo que, muitas vezes de forma virtual, as autoridades colocam lá dentro[2], sem nunca perceber as múltiplas relações que seus sujeitos mantêm com o seu exterior.

Um segundo e rico momento: de Stake à compreensão dos processos pedagógicos na escola

A partir de outra concepção, formulada com base em pesquisas do norte-americano Stake (1983a; 1983b)[3], foram feitos estudos de tipo diferente, no Brasil, permitindo o entendimento de que a forma hegemônica de compreensão era insuficiente para a apreensão do cotidiano escolar, de seus problemas e de suas possíveis soluções. Esse autor indica, por um lado, a necessidade de cruzamento

---

[2] *Como um computador com possibilidade de acesso à Internet, numa escola que não tem telefone, por exemplo.*

[3] *Os textos do prof. Stake conseguiram ser recuperados graças à presença sempre imensamente gentil e competente de Maria da Graça Camargo Vieira, da Fundação Carlos Chagas, a quem, mais uma vez, ficamos devedoras.*

de fontes, a partir da observação do que diariamente se passa na escola, e, por outro, a impossibilidade de generalizações das conclusões nesses estudos, iniciando, com essas duas propostas, a compreensão da multiplicidade e da complexidade dos processos de constituição do/no cotidiano escolar. Em artigos traduzidos, comentados por Menga Lüdke (1993), esse autor, dando conta de um projeto de *estudo múltiplo de caso sobre o 'status' do ensino e da aprendizagem de ciências nos Estados Unidos*, com uma equipe que pelo menos causa inveja pelo tamanho e possibilidades de trabalho[4], chama nossa atenção para algumas questões e aspectos metodológicos importantes para a elaboração de estudos de caso, que vão influenciar várias pesquisas no cotidiano da escola, no Brasil.

Mais uma vez, Joanir foi ao original e leu um trecho de Stenhouse, no qual este autor diz que nossas múltiplas culturas são muito mais fluidas que tudo isto [que a ideia de subculturas nos permite compreender] e apresentam numerosas alternativas. Uma pessoa participa de tantas culturas quanto são os grupos culturalmente distintos nos quais se mistura. É portadora do que poderíamos chamar de "moeda" corrente em tais grupos – seus modos de ver e suas linguagens comuns – tanto como um viajante carrega o seu bolso cheio das moedas de cada país que visitou. (Stenhouse, 1991: 33)

Um pouco mais adiante, com a leitura dos estudos de Stenhouse (1991), na Inglaterra, que cria a ideia de *professor-pesquisador*, e de seus seguidores, como Elliot (1990), torna-se possível a compreensão de que o conhecimento das tantas escolas existentes em um mesmo sistema educativo só é possível na medida em que, nos processos necessários a esse conhecimento, incorporemos os múltiplos sujeitos do cotidiano escolar.

---

[4] *O autor nos diz que a equipe era coordenada por ele e Jack Easley e contava* com o auxílio de 75 pesquisadores. Onze desses pesquisadores (...) foram colocados como observadores em onze distritos escolares separados uns dos outros por centenas de milhas (p. 5).

Para esse autor, os professores, ao questionarem suas diversas práticas, conhecidas e clarificadas por meio de processos de pesquisa, são os que podem efetivar intervenções sobre o cotidiano das escolas. Essa possibilidade/necessidade Stenhouse e seus seguidores percebem a partir da compreensão das diferenças culturais existentes em nossa sociedade.

Por fim, com a tradução no Brasil dos estudos realizados no México, em especial por Elsie Rockwell e Justa Ezpeleta (1986), incorpora-se aos estudos do cotidiano o entendimento de que mais do que a tendência de descrever a escola em seus aspectos negativos dizendo *o que 'não' há nelas ou o que não corresponde ao modelo de análise adotado* (p. 10), tão comum nos estudos do cotidiano feitos até então e em alguns até hoje, o importante é perceber que devemos estudar as escolas em sua realidade, como elas são, sem julgamentos *a priori* de valor.

Estudos do cotidiano hoje no Brasil (e em outros lugares)

A partir desses estudos iniciais e discutindo com eles, muitas vezes os estudos desenvolvidos atualmente, no que se refere aos tantos cotidianos nos quais vivemos e nos quais nos formamos como uma *rede de subjetividades* (Santos, 1995), dentre os quais está o da escola, fundamentam-se em uma crítica ao modelo da ciência moderna que,

Desta vez, foi Soninha que, usando material obtido em seu Mestrado, trouxe o seguinte texto de Elsie Rockwell e Justa Ezpeleta que dizem que devemos entender as escolas como 'positividade', não no bom sentido, mas simplesmente no sentido do existente. [Entendendo que] cada escola, mesmo imersa num movimento histórico de amplo alcance, é sempre uma versão local e particular deste movimento. Cada um de nossos países mostra uma forma diferente de expansão de seu sistema público de escola, a qual se liga ao caráter das lutas sociais, a projetos políticos identificáveis, ao tipo de 'modernização' que cada Estado propôs para o sistema educacional dentro de precisas conjunturas históricas. As diferenças regionais, as organizações sociais e sindicais, os professores e suas reivindicações, as diferenças éticas e o peso relativo da Igreja marcam a origem e a vida de cada escola. A partir daí, dessa expressão local, tomam forma internamente as correlações de forças, as formas de relação dominantes, as prioridades administrativas, as condições trabalhistas, as tradições docentes, que constituem a trama real em que se realiza a educação. É uma trama em permanente construção que articula histórias locais – pessoais e coletivas – diante das quais a vontade estatal abstrata pode ser assumida ou ignorada, mascarada ou recriada, em particular abrindo espaços variáveis a uma maior ou menor possibilidade hegemônica. Uma trama, finalmente, que é preciso conhecer, porque constitui, simultaneamente, o ponto de partida e o conteúdo real de novas alternativas tanto pedagógicas como políticas (p. 10-12).

para se 'construir', teve a necessidade de considerar os conhecimentos cotidianos como 'senso comum' a ser superado, de modo indispensável, pelo conhecimento científico.

Nesse sentido, vem sendo desenvolvida uma série de reflexões que nos permitiram, ao ensaiar respostas, avançar na compreensão do que são e do que podem representar os chamados estudos do cotidiano para a ampliação do nosso entendimento a respeito de alguns processos sociais que foram negligenciados pelo fazer científico na modernidade.

A primeira aproximação dessa questão refere-se, exatamente, a essa negligência e ao que ela nos ensina sobre as características desse pensamento que se tornou dominante na modernidade. Ao tornar a ciência galileo-newtoniana o único paradigma aceitável como legitimador das ideias e dos trabalhos sobre a verdade, optou-se por privilegiar os elementos controláveis e quantificáveis da realidade, criando a ideia de que os demais dados não eram relevantes. Ou seja, a quantificação e sua ciência derivada, a estatística, acompanhadas da necessidade de generalização e de sua mais perfeita expressão, a universalidade, baniram do mundo das ideias os aspectos singulares e qualitativos do real.

A vida cotidiana passou, desse modo, a ser tratada apenas nos seus aspectos quantificáveis, abandonando-se, "por aí", as especificidades das formas de se praticar as atividades, em suas expressões qualitativas. Compreendendo esse procedimento de redução, os estudos do cotidiano vão buscar recuperar a importância daquilo que não integra as estatísticas para redefinir o próprio cotidiano.

A partir daí, temos uma primeira possibilidade de falar sobre o que é o cotidiano, para além da repetição rotineira de ações e de atividades, ideia disseminada e aceita sem muito questionamento pela maior parte das chamadas pessoas, em um mundo no qual o pensamento hegemônico exigiu que assim se pensasse. O cotidiano, pensado pela ótica da quantidade, é, de fato, um espaço de repetição, de norma, de obviedade – o que talvez explique a ideia abraçada por muitos pesquisadores de que o cotidiano resume-se ao espaço do *senso comum* e da *regulação*. Todo dia, aqueles que podem fazer isto neste mundo de exclusão acordam, escovam os dentes, tomam o café da manhã e fazem outras refeições durante o dia, trabalham, assistem à televisão, falam ao telefone, entre outras atividades indefinidamente repetidas e que ocupam a nossa 'rotina' diária. Se, entretanto, recuperamos da nossa vida os aspectos singulares e qualitativos dessas práticas, aparentemente repetidas *ad infinitum*, vamos nos dar conta de que, na forma de

Nilma, para o estudo deste dia, resolveu trazer uma série de fotografias de escolas e mostrou a primeira, de uma escola no Congo, comentando: talvez esta imagem mostre bem, para começar, esta ideia de repetição. A questão é perguntarmos: a escola que conhecemos é só isto?

fazer cada uma dessas atividades, nunca há repetição.

Aprendemos que relevante no nosso fazer é o "o quê", que pode ser medido, quantificado, regulamentado e controlado, e não o "como", que varia de modo mais ou menos anárquico e caótico[5], não sendo, portanto, passível de análise quantitativa, nem de controle normativo, nem mesmo de regulamentações precisas, apesar de muitas tentativas nesse sentido que vêm sendo desenvolvidas, historicamente, e denunciadas por muitos autores, com destaque para Foucault.

A essa impossibilidade temos chamado de "rebeldia do cotidiano" (Oliveira, 2000a e 2000b), que não se deixa dominar por normas e regulamentos formais, exatamente porque as ações cotidianas, na multiplicidade de formas de sua realização, não são e não podem ser repetidas no seu "como".

Embora nessa constatação não haja nenhuma grande novidade, nela se inscreve a necessidade de esclarecer, a partir do momento em que nos dedicamos a refletir sobre o cotidiano como campo de estudos específicos, do que falamos e do que queremos falar com esses estudos. Mas isso exige que ampliemos a reflexão

---

[5] *O termo caótico aqui não é usado em seu sentido mais corriqueiro, e sim no sentido da formulação de Prigogine (1996), a respeito das leis do caos. Segundo este autor, o caos não é apenas desordem, é um tipo de realidade que, a partir do desequilíbrio, cria formas de auto-organização.*

para além dessa dicotomia inicial entre os aspectos quantitativos e qualitativos do cotidiano, da qual decorre uma primeira aproximação de resposta à questão inicial, qual seja: *o cotidiano é o conjunto de atividades que desenvolvemos no nosso dia-a-dia, tanto do que nelas é permanência (o seu conteúdo) quanto do que nelas é singular (as suas formas).*

Para avançar no debate, tem sido preciso que nos debrucemos sobre essas atividades: suas características, os significados que elas assumem em e para nós (cada um de nós) e, sobretudo, as dimensões de nossos seres que entram em jogo quando as produzimos e os elementos que as constituem, pensando-as, a partir da primeira definição, tanto quantitativamente quanto qualitativamente.

Todas as atividades que desempenhamos em nossas vidas são aprendidas, mesmo que, em alguns casos, instintiva ou mecanicamente. Isso significa que tanto o conteúdo das nossas ações como as múltiplas formas mediante as quais as desenvolvemos são provisórios, dinâmicos e plurais. Se acrescentamos a compreensão de que estamos sempre em processos de mudança, imersos em redes de saberes e de fazeres que não podem ser explicadas por relações lineares de causalidade, sendo, portanto, imprevisíveis, podemos ainda afirmar que tanto o conteúdo quanto as formas pelas quais nossas ações cotidianas são desenvolvidas têm como características a *complexidade*

Ou será, disse Nilma mostrando outra fotografia, que cada aula significa uma enorme diversidade de redes que, ao mesmo tempo e nesse mesmo lugar, funcionam, como nesta fotografia de Robert Doisneau, em que ao lado de alunos interessadíssimos no que a professora ensina, um outro grupo discute sobre o dente de um deles que caiu?

(Morin, 1996) e a *diferenciação* (Santos, 2000), sob influência de fatores mais ou menos aleatórios. Ou seja, as lógicas que presidem o desenvolvimento das ações cotidianas são profundamente diferentes daquela com a qual nos acostumamos a pensar a modernidade[6]. Para compreendê-las, portanto, precisamos, ao mesmo tempo, "desaprender" os saberes que aprendemos a partir das teorias sociais da modernidade (Santos, 2000: 382-383) e buscar tecer novas formas de entendimento dos processos de criação das ações e de suas múltiplas formas de manifestação, como já o vêm fazendo alguns autores[7]. Nesses processos diferentes e complexos de viver e criar nos múltiplos espaços/tempos cotidianos nos quais nos inserimos, ganha importância a compreensão de como se formam "as redes de subjetividades que cada um de nós é" (Santos, 1995 e 2000).

Essas características básicas, e outras tantas, assumem suas significações específicas em função dos processos de recriação permanente dos nossos fazeres, nas circunstâncias específicas do momento e da forma como os vivenciamos, como expressão concreta dos processos históricos

---

[6] *Embora tenha sido na modernidade que essa lógica tornou-se tão dominante que aparentemente única, ela foi herdada pelo Ocidente do pensamento grego, notadamente o de Platão (Jullien, 1996).*

[7] *Ver, sobretudo: Certeau (1994 e 1996) e Gras (2002).*

mais amplos que nos formam, sejam eles culturais, sociais, familiares, políticos ou outros, e que são constitutivos de nossas identidades individuais e coletivas.

Portanto, nos estudos do cotidiano, imperativo será considerar os processos de formação de nossas subjetividades em seus múltiplos espaços/tempos, tanto no potencial que essas incluem, como na articulação entre as circunstâncias das situações e nossas possibilidades de ação. Portanto, para compreender as lógicas que presidem a vida cotidiana, precisamos nela 'mergulhar' (Oliveira e Alves, 2001: 8), aceitando a impossibilidade de obtermos 'dados relevantes gerais' em meio à realidade caótica e à necessidade de considerar a relevância de todos os seus elementos constitutivos, em suas infinitas relações e consequências.

Nesse sentido, o primeiro movimento necessário para se conhecer os nossos cotidianos é o de compreender que precisamos aceitar as tantas teorias aprendidas, sobretudo como limite e não só como potencialidade em nossas pesquisas, na medida em que elas foram 'construídas' negando a existência desses cotidianos e dos conhecimentos que neles são tecidos. De outro modo, podemos dizer que aquilo que acreditamos já saber em relação a qualquer assunto dificulta nossa percepção de elementos que nos são desconhe-

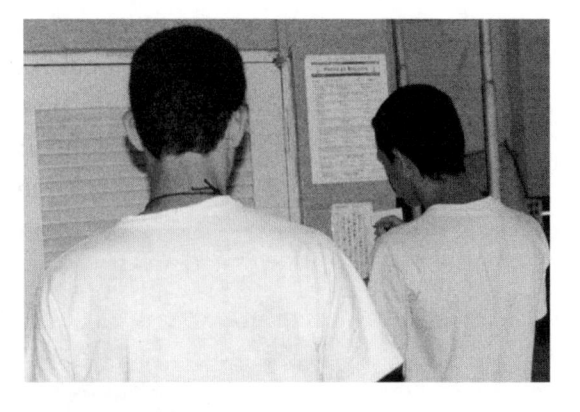

Com essas imagens mostradas e discutidas, Soninha lembrou-se de umas fotografias que sua amiga, a fotógrafa Noale Toja, lhe havia dado. Abriu a pasta e dela retirou uma fazendo o seguinte comentário: esta fotografia me impressionou muito e me fez analisar um aspecto da escola que nunca tinha pensado – para comunicar as notas aos alunos usamos uma parede e nunca ficamos por ali para esclarecer suas dúvidas e ajudá-lo a superar sua tristeza por alguma nota baixa. No entanto, o aluno nunca vai ver estas notas sozinho. Em geral, está sempre acompanhado por um colega, com quem pode comentar os resultados.

cidos, levando-nos a fechar as portas para aqueles que não se encaixem em nossas crenças anteriores. As certezas são, desse ponto de vista, inimigas da aprendizagem. Para aprendermos e apreendermos a multiplicidade de elementos constitutivos dos múltiplos espaços/tempos cotidianos, é preciso que neles cheguemos de modo aberto e, tanto quanto possível, despidos de preconceitos, sabendo o quanto isso é difícil.

Dentro da ideia da *tessitura do conhecimento em rede* (Alves, 1998 a; 1998 b), podemos expressar o que aqui queremos desenvolver nos seguintes termos: se nos mantivermos excessivamente ligados a premissas predefinidas a respeito do que pretendemos pesquisar, criamos em nossas redes "nós cegos" que subtraem dela a possibilidade de articulação de novos fios de saberes ao anteriormente sabido.

Podemos imaginar, continuou Soninha, que uma situação dessas levou as alunas a ocuparem aquele banco debaixo da escada, para discutirem estratégias para mudar a nota ruim ou uma eventual ajuda no período da recuperação.

Em outros termos, podemos indicar, com a ajuda de Maturana (1999), que os conceitos e afirmações sobre os quais não refletimos e que aceitamos, de modo apriorístico, são "antolhos" que nos deixam cegos frente às tantas possibilidades existentes. Ou, ainda, recorrendo a Von Forster (1999) e a sua ideia de que "é preciso crer para ver", invertendo a máxima aprendida, entendemos que se continuamos fechados em crenças preestabelecidas a respeito do que podemos encontrar em uma determinada realidade pesquisada, estaremos 'cegos' para aquilo que nela é transgressão em relação ao que "já sabemos".

Ainda sobre essa questão, e agora recorrendo a Santos (2000), os saberes que assumimos como dados imutáveis e fundadores do que se vai pesquisar podem representar modos de *regulação* no nosso percurso que prejudicam o pensamento *emancipatório*, o qual requer a possibilidade de subversão dos saberes naturalizados pela ciência moderna e suas "verdades universais". Ou seja, e paradoxalmente, é preciso desaprender para voltar a aprender. É preciso romper alguns dos nós cegos de nossas redes de saberes reguladores do que podemos perceber.

> Nossa!, exclamou Iremar. Desta de desaprender o que sabemos, eu gostei!!! Sempre digo isto e alguns acham que sou doido!

É a partir dessa necessidade/possibilidade de ruptura com saberes prévios a respeito da realidade escolar que os estudiosos de currículo, voltados para a compreensão dos currículos reais no/do cotidiano escolar, procuram trabalhar no presente.

Candeias (2001) desenvolve um interessante estudo a respeito do processo real de acesso à leitura e à escrita na sociedade portuguesa do último século e meio. Nele, o autor explica o processo por meio do qual as questões inicialmente colocadas sobre o porquê do "atraso" da sociedade portuguesa em relação a outras de perfil socioeconômico semelhante quanto ao letramento da po-

Isso me lembra o Ítalo Calvino, diz Iremar.
– No seu livro *Cidades Invisíveis*, há um diálogo imaginário entre Marco Polo e Kublai Kan que fala disso. Vou ler para vocês. Não estranhem a linguagem pois é uma edição de Portugal:
– De agora em diante serei eu a descrever as cidades – disse o Kan. – Tu nas tuas viagens verificarás se existem.
Mas as cidades visitadas por Marco Polo eram sempre diferentes das pensadas pelo imperador.
– Contudo eu tinha construído na minha mente um modelo de cidade de que deveria deduzir-se todos os modelos de cidades possíveis – disse Kublai. – Contém tudo o que corresponde à norma. Como as cidades que existem se afastam em grau diverso da norma, basta-me prever as excepções à norma e calcular as combinações mais prováveis.
– Também pensei num modelo de cidade de que deduzo todas as outras – respondeu Marco. – É uma cidade feita só de excepções, impedimentos, contradições, incongruências, contrassensos. Se uma cidade assim é o que há de mais improvável, diminuindo o número dos elementos anormais aumentam as probabilidades de existir realmente a cidade. Portanto basta que eu subtraia excepções ao meu modelo, e proceda com que ordem proceder chegarei a encontrar-me perante uma das cidades que existem, embora sempre como excepção. Mas não posso fazer avançar a minha operação para além de um certo limite: obteria cidades demasiado verossímeis para serem verdadeiras. (2000: 71)

pulação transformaram-se em questões relacionadas ao modo específico como o processo ocorreu no país. O que nos chamou a atenção, na virada narrada pelo autor, é o fato de que se saiu de uma posição moderna de dicotomização e hierarquização para uma postura mais aberta que considerou não mais a 'questão do atraso', mas as possibilidades de compreensão do processo real vivido em Portugal, em função das especificidades culturais e políticas do país. Ou seja, saiu-se de uma questão formulada a partir do que "sabe" a teoria social hegemônica a respeito da associação entre progresso socioeconômico e letramento, hierarquizando os países em função dos indicativos estatísticos que os definem, para uma postura de *não saber* e de *querer saber* o que efetivamente ocorrera na sociedade portuguesa. Só a partir da compreensão das insuficiências detectadas na pergunta baseada no modelo hegemônico é que se pôde partir para a formulação de outras que inquiriam muito mais a realidade do que a sua redução ao modelo. O autor e a equipe puderam iniciar a tentativa de compreensão dos padrões de vida cotidiana na sociedade rural portuguesa.

Para nós, pesquisadores no/do cotidiano, o que é interessante nessa experiência é o fato de que a abdicação de "saber" como estudar a questão dos processos sociais de acesso à leitura e à escrita a partir dos paradigmas definidos pelo pensamento da modernidade foi o motor da aprendizagem da equipe de pesquisa a respeito do processo português e de suas especificidades. Foi necessária uma ação emancipatória em relação aos saberes hegemônicos e reguladores de metodologias de pesquisa para que o trabalho pudesse compreender os processos reais. Com relação à mudança da questão principal, chama a atenção o fato de se sair da tentativa de busca da causalidade simplista (o porquê do atraso) para uma pergunta relativa ao viver concreto das populações portuguesas (como ocorreu). Ou seja, a hierarquia e as explicações causais, tão a gosto do pensamento moderno, dão lugar à complexidade do real e à importância da compreensão do viver cotidiano, das práticas culturais reais das populações como elementos explicativos dos processos sociais. Se ainda consideramos que, nessa complexidade das práticas reais, inclui-se o enredamento entre aspectos múltiplos do viver num jogo permanente entre as diversas instâncias de inserção e de prática social, poderemos dizer que o autor realizou um trabalho no qual a busca principal foi a de compreender os complexos processos que nos fazem ser portadores não de uma identidade monolítica e hierarquizável no plano das grandes estatísticas, mas que nos constituímos enquanto *rede de subjetividades* (Santos, 1995), dinâmicas e plurais.

O interesse da apresentação dessa questão reside no fato de pretendermos romper, sem sermos os primeiros, com uma longa e tenebrosa tradição de pesquisa sobre o cotidiano escolar que busca explicar por que os professores não conseguem ensinar corretamente os seus alunos, sempre deficientes, partindo do pressuposto – e, naturalmente confirmando-o – de que a precariedade do saber científico dos professores e a infinita repetição que caracteriza a vida cotidiana na escola, tanto quanto as carências dos alunos, explicam os maus resultados obtidos pela escola.

De nossa parte, e juntando-nos ao trabalho de Candeias (2001), o que pretendemos é evidenciar a necessidade de se compreender como os professores e professoras agem cotidianamente na busca de levar os seus alunos à aprendizagem, que elementos criam a partir de suas redes de saberes, de práticas e de subjetividades, como criam os seus fazeres e desenvolvem suas práticas em função do que são. Essa é, talvez, a questão central hoje dos estudos curriculares voltados para o cotidiano.

Porém, para dar conta do que se pretende, é preciso ampliar a questão, de modo a especificá-la em duas outras, se quisermos realmente conhecer o cotidiano de nossas tão diferentes escolas com seus múltiplos sujeitos. Precisamos, assim, perguntar: a) como se dão os processos cotidianos de criação e de desenvolvimento da ação pedagógica (curricular) inscritos em que especificidades do ser das professoras, dos alunos e das circunstâncias? E, associada a essa questão; b) o que os alunos estão, realmente, aprendendo a partir dessa prática escolar, que não pode ser visto pelo levantamento estatístico sobre o que sabem daquilo que lhes é imposto saber?

Precisamos compreender como e o quê se aprende efetivamente nas nossas escolas – no plural, porque a escola é um conceito também redutor (Oliveira, 2001a) – buscando atribuir significados, tanto quanto possível, livres dos preconceitos sobre o não saber docente ou discente, às atividades observadas nas classes, aos depoimentos colhidos junto às professoras e demais trabalhadores em educação, alunos, pais de alunos, referentes tanto ao espaço/tempo da escola, quanto à sua vivência em outros espaços/tempos de relações e criação de conhecimentos. O segundo movimento necessário para se compreender melhor o cotidiano escolar é buscar ouvir as vozes dos que o fazem, cotidianamente.

Iremar, de novo, desta vez com uma fotografia na mão, diz: "vocês lembram dessa foto do Doisneau que mostra o garotinho colando?" De alguma maneira, também foi na escola que ele aprendeu de que jeito olhar e não ser descoberto! A gente aprende muito mais do que se pensa na escola!

Nem preto nem branco: o caráter multicor das práticas curriculares

Dando continuidade às questões acima formuladas, nos estudos do cotidiano dedicamo-nos a trabalhar para compreender as práticas curriculares reais, entendendo-as como complexas e relacionadas a fazeres e saberes que, nem sempre ou mesmo raramente, constituem um todo coerente. Isso significa que os professores tecem suas práticas cotidianas a partir de redes, muitas vezes contraditórias de convicções e crenças, de possibilidades e limites, de regulação e emancipação. Do mesmo modo, as propostas curriculares formais que chegam às escolas são formuladas no seio das mesmas contradições, assumindo um caráter mais ou menos regulatório ou emancipatório em suas diferentes proposições[8].

Isso significa dizer que, em nossas atividades cotidianas, os currículos que criamos misturam elementos das propostas formais e organizadas com as possibilidades que temos de implantá-las e o acordo ou desacordo que temos sobre elas. Por sua vez, essas possibilidades se relacionam com aquilo que sabemos e em que acreditamos, ao mesmo tempo que são definidas na dinâmica de cada turma, dos saberes dos alunos, das circunstâncias de cada dia de trabalho. Ou seja, cada conteúdo de ensino, re-

---

[8] *Esses termos foram bem formulados enquanto categorias de análise por Boaventura de Sousa Santos, que defende a existência de uma tensão permanente entre a regulação social exercida pelos diversos mecanismos formais ou não de exercício do poder. A emancipação seria a busca de superação dessa dominação, através de práticas voltadas para relações mais igualitárias (Santos, 1995, 1997 e 2000).*

petidamente ensinado ano após ano, turma após turma, vai ser trabalhado diferentemente por professores diferentes, em turmas diferentes, em situações diferentes.

É nesse sentido que entendemos as práticas curriculares cotidianas como 'multicoloridas', pois suas tonalidades vão depender sempre das possibilidades daqueles que as fazem e das circunstâncias nas quais estão envolvidos. Desenvolvendo essas ideias, nos debates em torno dos limites e das possibilidades de existência de práticas progressistas nas escolas, vamos ter de assumir a presença da tensão permanente entre os elementos regulatórios tanto das propostas quanto de nossas convicções e possibilidades de ação e os elementos emancipatórios (ou progressistas) que também se fazem presentes em propostas e ações.

Joanir intervém mais uma vez, lembrando ao grupo que as lembranças que cada um de nós, professores, têm de suas muitas turmas, confirmam isso: afinal, cada vez que vamos "ensinar" um conteúdo, o fazemos de um modo diferente, e isso modifica a proposta curricular, sempre.

Em pesquisa atualmente em andamento[9], pudemos, assim, captar na organização do espaço escolar – dentro e fora da sala de aula – um pouco dessa complexidade contraditória presente no cotidiano de uma escola. Percebemos, no tipo de organização, a preocupação da

O relato da bolsista* responsável pela observação do trabalho na escola pesquisada diz:
O pátio do recreio e os corredores das salas possuem diversos cartazes com trabalhos dos alunos, do Jardim II a 4ª série. Os cartazes, tanto do pátio quanto dos corredores das salas, são bem conservados. Os cartazes do pátio são de datas comemorativas do ano, sendo menos trocados do que os cartazes dos corredores das salas, que são de atividades ocorridas em sala de aula, trocando de acordo com a dinâmica da turma. Existe na sala de aula um armário, onde se guardam folhas, o mimeógrafo, livros paradidáticos, trabalhos feitos pela turma no decorrer do ano e algum material de papelaria. Há também uma pequena estante, onde fica uma corda, livros, gibis e um rolo de papel higiênico.

---

[9] *A Produção cotidiana de alternativas curriculares: redes de subjetividades, memórias e imagens tecendo a emancipação* Pesquisa com financiamento CNPq sob a forma de uma bolsa de IC (Programa PIBIC/UERJ) e uma bolsa de pós-doutoramento à coordenadora do Projeto, Profª Inês Barbosa de Oliveira.

*Fátima Cristina Silva de Amaral, estudante do 6º/7º período do curso de Pedagogia da UERJ, bolsista do Programa PIBIC/UERJ.

equipe de professores com a valorização da produção dos alunos e com as datas "importantes". Aderindo aos esquemas clássicos de compreensão que estamos criticando, estaríamos diante de uma contradição, pois, ao mesmo tempo que valoriza a produção dos alunos, postura identificada com perspectivas progressistas de educação, a escola ocupa tempo de suas atividades e seus espaços com as chamadas "efemérides", identificadas geralmente com posturas mais "tradicionais" e conservadoras, bastante criticadas por educadores progressistas. Buscando o entendimento da vida cotidiana nas escolas, esse registro serve de contribuição para a compreensão da complexidade que envolve nossos fazeres cotidianos, muito mais do que para avaliar a postura da "escola" como conservadora ou progressista, o que não vemos como importante.

Na realidade cotidiana, há sempre locais e situações em que táticas e alternativas são postas em prática de modo a minimizar os problemas vinculados às normas conservadoras, o que nos permite afirmar a permanência de um certo espaço de exercício de autonomia dos sujeitos sociais. Isso significa que é mais importante, nestes estudos, indagar sobre os modos específicos e singulares como os sujeitos e grupos sociais, nesse caso as professoras atuando nas salas de aula, se apropriam e utilizam as regras que lhes são, aparentemente, impostas, do que perceber a aplicação de modelos avaliativos do real, sempre generalizantes.

Por isso, indicamos a impossibilidade de se avaliar as práticas curriculares por meio de mecanismos que essencializam os fazeres, colocando-os em lados opostos, sem considerar as 'misturas' que fazemos entre normas, circunstâncias, características dos grupos e outras. Por isso, dizemos que "o preto e o branco" não são as cores que nos permitem captar a complexidade e a riqueza desses processos. Em nossos cotidianos, criamos misturas de cores as mais diversas, de acordo com as possibilidades que cada situação nos oferece. Podemos usar nossa autoridade em sala de aula tanto para defender valores e normas instituídos quanto para romper com valores e propostas tradicionais, misturando, assim, as ideias e as práticas conservadoras e progressistas – regulatórias e/ou emancipatórias se mantemos a discussão proposta por Boaventura Santos.

Além disso, há misturas de saberes trazidos por alunos e professores com aqueles saberes formalmente definidos como 'conteúdo curricular', modificando uns e outros e criando, portanto, novos saberes, com novas tonalidades.

Mas nem sempre isso pode ser encarado como negativo ou reprodutor, na medida em que as professoras, muitas vezes, introduzem valores que contribuem para a ruptura da legitimidade da norma. A igualdade de direitos entre meninos e

Na pesquisa antes referida vamos encontrar o relato seguinte: diante de uma briga no recreio, de um atraso na organização da volta à sala e de um pedido de ajuda, a professora articula sua intervenção sobre a situação de modo a torná-la um momento de responsabilidade coletiva e de equalização das relações de gênero, mediante soluções que propôs para os problemas em torno do uso do Totó (Pebolim, em São Paulo e outros locais) acontecidos no recreio:

No retorno do recreio, Sandra teve uma conversa séria com eles. (...) Na sala, ela disse que organizaria o Campeonato pedido, mas com a ajuda deles. Um dos alunos levantou a hipótese de cobrar dinheiro dos alunos que quisessem participar do Campeonato, mas a professora logo reagiu, dizendo que eles sabiam da impossibilidade de isso acontecer. Ela falou que tinha uma ideia para o Campeonato, que era o mesmo ocorrer entre as três 4º séries. Os alunos, ao ouvi-la, gostaram da ideia e pediram um tempo da aula para organizarem o Campeonato, o que foi aceito pela professora, que cedeu o horário final do dia. [O campeonato incluiria] um dia para as meninas e outro para os meninos, e ela disse que esta organização [serve para] os meninos não monopolizarem a mesa de Totó, impedindo que as meninas também joguem.

meninas que Sandra busca promover, no exemplo ao lado, indica sua preocupação com a ruptura da hierarquia predominante na nossa sociedade e a promoção da igualdade. Em si mesma, essa ação rompe com a referida hierarquia. No que se refere ao interesse central desse trabalho, temos aqui uma evidência de que, para além da regulação social por via da transmissão subliminar dos valores sociais dominantes, amplamente denunciada por numerosos autores, o currículo inclui práticas emancipatórias, na medida em que, em seu cotidiano, as professoras podem, e são muitas as que o fazem, levar aos seus alunos valores potencializadores de emancipação social.

O trabalho no/do cotidiano, nesses termos, torna-se importante elemento para pensar e compreender a questão curricular, tanto em instâncias de prática como na de formulação de propostas já que, considerado em sua complexidade, pode contribuir para o estudo das realidades escolares se entendemos essas últimas como componentes de uma rede de saberes e de práticas que, situadas para além dos muros da escola, se fazem presentes nos cotidianos escolares, por meio dos sujeitos neles presentes.

Referências bibliográficas

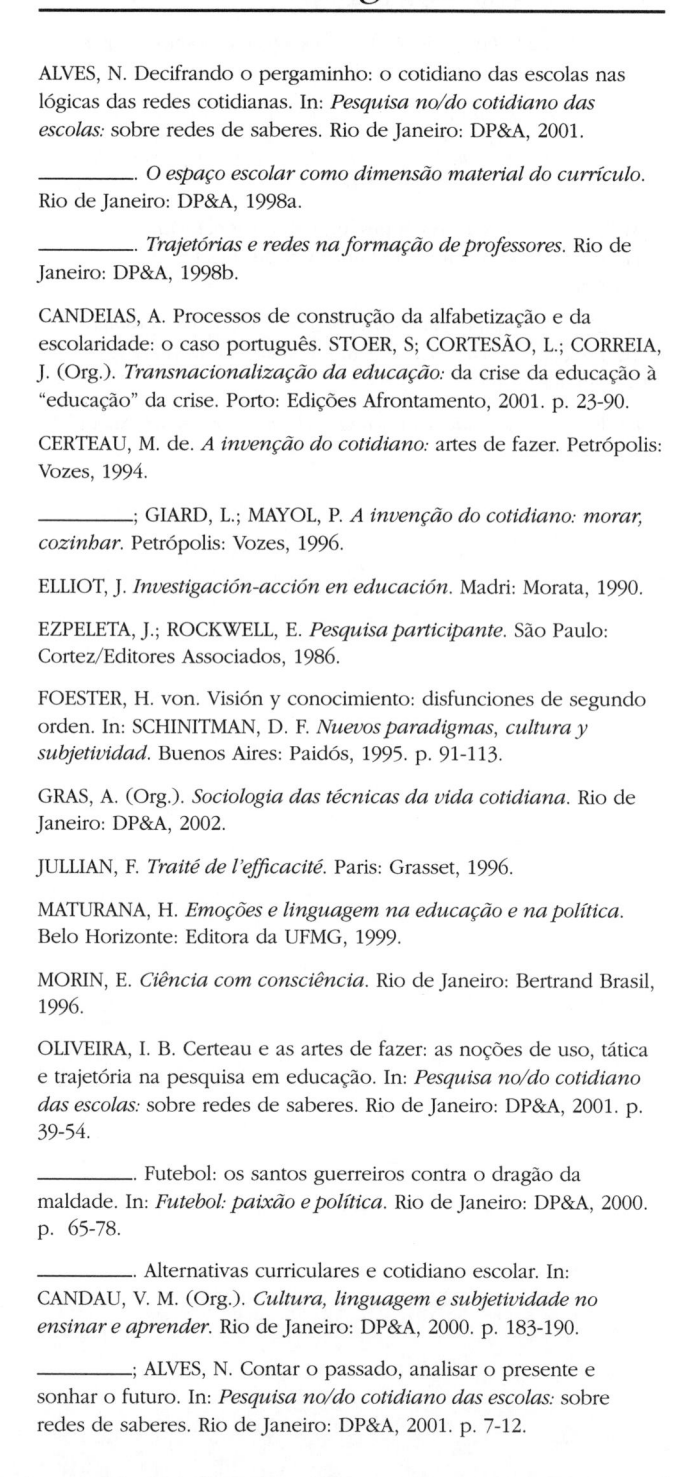

ALVES, N. Decifrando o pergaminho: o cotidiano das escolas nas lógicas das redes cotidianas. In: *Pesquisa no/do cotidiano das escolas:* sobre redes de saberes. Rio de Janeiro: DP&A, 2001.

_____. *O espaço escolar como dimensão material do currículo.* Rio de Janeiro: DP&A, 1998a.

_____. *Trajetórias e redes na formação de professores.* Rio de Janeiro: DP&A, 1998b.

CANDEIAS, A. Processos de construção da alfabetização e da escolaridade: o caso português. STOER, S; CORTESÃO, L.; CORREIA, J. (Org.). *Transnacionalização da educação:* da crise da educação à "educação" da crise. Porto: Edições Afrontamento, 2001. p. 23-90.

CERTEAU, M. de. *A invenção do cotidiano:* artes de fazer. Petrópolis: Vozes, 1994.

_____; GIARD, L.; MAYOL, P. *A invenção do cotidiano: morar, cozinhar.* Petrópolis: Vozes, 1996.

ELLIOT, J. *Investigación-acción en educación.* Madri: Morata, 1990.

EZPELETA, J.; ROCKWELL, E. *Pesquisa participante.* São Paulo: Cortez/Editores Associados, 1986.

FOESTER, H. von. Visión y conocimiento: disfunciones de segundo orden. In: SCHINITMAN, D. F. *Nuevos paradigmas, cultura y subjetividad.* Buenos Aires: Paidós, 1995. p. 91-113.

GRAS, A. (Org.). *Sociologia das técnicas da vida cotidiana.* Rio de Janeiro: DP&A, 2002.

JULLIAN, F. *Traité de l'efficacité.* Paris: Grasset, 1996.

MATURANA, H. *Emoções e linguagem na educação e na política.* Belo Horizonte: Editora da UFMG, 1999.

MORIN, E. *Ciência com consciência.* Rio de Janeiro: Bertrand Brasil, 1996.

OLIVEIRA, I. B. Certeau e as artes de fazer: as noções de uso, tática e trajetória na pesquisa em educação. In: *Pesquisa no/do cotidiano das escolas:* sobre redes de saberes. Rio de Janeiro: DP&A, 2001. p. 39-54.

_____. Futebol: os santos guerreiros contra o dragão da maldade. In: *Futebol: paixão e política.* Rio de Janeiro: DP&A, 2000. p. 65-78.

_____. Alternativas curriculares e cotidiano escolar. In: CANDAU, V. M. (Org.). *Cultura, linguagem e subjetividade no ensinar e aprender.* Rio de Janeiro: DP&A, 2000. p. 183-190.

_____; ALVES, N. Contar o passado, analisar o presente e sonhar o futuro. In: *Pesquisa no/do cotidiano das escolas:* sobre redes de saberes. Rio de Janeiro: DP&A, 2001. p. 7-12.

PRIGOGINE, I. *O fim das certezas:* tempo, caos e as leis da natureza. São Paulo: Editora da UNESP, 1996.

SANTOS, B. de S. *Pela mão de Alice:* o social e o político na pós-modernidade. São Paulo: Cortez, 1995.

_____. *Reinventar a democracia*. Lisboa: Gradiva, 1997.

_____. *A crítica da razão indolente:* contra o desperdício da experiência. São Paulo: Cortez, 2000.

STAKE, R. Estudo de caso em pesquisa educacional. *Educação e Seleção*, São Paulo: Fundação Carlos Chagas, (7): 05-14, jan.-jun./1983a.

_____. Pesquisa qualitativa/naturalista: problemas epistemológicos. *Educação e Seleção*, São Paulo: Fundação Carlos Chagas, (7): 19-27, jan.-jun./1983a.

STENHOUSE, L. *Investigación y desarrollo del curriculum*. Madri: Morata, 1991.

4. Diferença pura de um pós-currículo

Sandra Mara Corazza
Professora adjunta da Faculdade de Educação da Universidade Federal do Rio Grande do Sul (UFRGS).

Um pós-currículo é aquele, como seu próprio prefixo diz, um currículo que pensa e age inspirado pelas teorias pós--críticas em Educação (cf. Corazza, 2001; Silva, 1999). Pensa a partir de perspectivas pós-estruturalistas e pós-modernistas, pós-colonialistas e multiculturalistas (cf. Canen e Moreira, 2001) e com conceitos criados pelos estudos culturais e feministas, *gays* e lésbicos, filosofias da diferença e pedagogias da diversidade. Age, por meio de temáticas culturais (cf. Corazza, 1997), estudando e debatendo questões de classe e gênero, escolhas sexuais e cultura popular, nacionalidade e colonialismo, raça e etnia, religiosidade e etnocentrismo, construcionismo da linguagem e textualidade, força da mídia e dos artefatos culturais, ciência e ecologia, processos de significação e disputas entre discursos, políticas de identidade e da diferença, estética e disciplinaridade, comunidades e imigrações, xenofobia e integrismo, cultura juvenil e infantil, história e cultura global. É desse modo que um pós-currículo curriculariza as diversas formas contemporâneas de luta social.

(...)
Vi que não há Natureza,
Que Natureza não existe,
Que há montes, vales, planícies,
Que há árvores, flores, ervas,
Que há rios e pedras,
Mas que não há um todo a que isso pertença,
Que um conjunto real e verdadeiro
É uma doença das nossas ideias.
(...)
(Alberto Caeiro. In: Pessoa, Fernando, 2001: 86)

Social em luta

No campo político, um pós-currículo situa-se à esquerda, nunca à direita, nem ao centro. Por isso, está sempre comprometido com a educação pública, gratuita e de qualidade para todos os homens, mulheres e crianças. Repudia as políticas sociais e educacionais dos governos neoliberais do mundo, que mundializam o capital e a exclusão, distribuem desigualmente recursos simbólicos e materiais, privatizam e mercantilizam a educação. Políticas de morte, em suas diversas versões, que conservam e fortalecem modos de convivência entre indivíduos, comunidades, povos e nações, pautados pelo sofrimento e humilhação, gerenciados pela crueldade e exploração, alimentados pelas barbáries da fome, da sede, das doenças.

Um pós-currículo não aceita conviver com nenhum dos currículos oficiais desses governos neoliberais – nem com os seus programas de avaliação –, seja para a educação infantil, seja para o ensino fundamental, médio ou superior, pois constata que tais currículos fundamentam-se no princípio de uma totalizadora identidade-diferença nacional. Princípio fictício, fabricado pelo etnocentrismo dos grupos privilegiados e posto em funcionamento pelo aparato disciplinar do Estado. Princípio estratégico, que, embora reconheça os diferentes e fale de suas diferenças,

> Não só é impossível desvincular a pedagogia de suas relações com a política, mas também é teoricamente desonesto.
> (McLaren, 1997: 270)

utiliza a tal identidade nacional para tratá-los como desvios ou ameaças. Acima de tudo, princípio obediente, que segue os imperativos globais de administrar a pluralidade, a diversidade e a alteridade, por meio da transformação de cada diferença e de cada diferente em objeto de ação curricular-estatal, a ser corrigido ou eliminado.

Ao contrário dos nacionais, um currículo da diferença – ou pós-currículo – não considera que as diferenças sejam mercadorias rentáveis de consumo, nem que os diferentes sejam culpados nem vítimas, a quem é preciso diagnosticar e registrar, incluir e dominar, controlar e regular, hegemonizar e normalizar. Pois, em seu entendimento, as diferenças desses diferentes-puros – isto é, não referidos a nenhuma identidade – não são significadas como "necessidades e interesses". Necessidades-e-interesses, que, para os currículos nacionais, funcionam apenas como um astucioso ponto de partida para a sua prática curricular. Prática que, no decorrer do processo educativo, empenha-se em desfazer quaisquer necessidades e interesses, ou, no mínimo, em traduzi-los à imagem, semelhança e linguagem de tudo o que ela própria unificara previamente.

Vendo agir essa prática por meio de parâmetros e diretrizes, guias e normas, textos e livros didáticos, materiais paradidáticos e audiovisuais, um currículo da diferença julga que

> Este bloco (...) trata de estruturas que são comuns a todos, dos entrelaçamentos socioculturais que permitem valorizar aquilo que é próprio da identidade de cada grupo, e aquilo que permite uma construção comum, onde cabe pronunciar o pronome 'nós'. (Tema Transversal Pluralidade Cultural nos PCN de 1ª a 4ª séries, Brasil, 1996: 38)

tais padrões comuns não são em nada inocentes. Devido a seu caráter unificador, esses padrões operam como perversos instrumentos para conceder ou negar recursos, recompensar ou castigar instituições, aprofundar as divisões existentes, reforçar as desigualdades, discriminar ou suprimir as vozes e histórias dos diferentes. Opondo-se a essa perversão, um pós-currículo escuta o que os diferentes têm a dizer e incorpora, em seu *corpus*, as diferenças. Sente e trata essas vozes, histórias, corpos, como desafios ao intercâmbio e à interpelação radical das crenças, valores, símbolos e identidades hegemônicas (cf. Larrosa e Skliar, 2001).

Um currículo, assim pós, não opera com conceitos e critérios técnicos e empresariais, como os presentes nos currículos nacionais, baseados no produto e nos mecanismos do mercado, na eficiência econômica e na superexploração do trabalho, na geração de mais desemprego e duma sociedade de não trabalho, na reunificação da diversidade social. Os conceitos e critérios de um pós-currículo possuem potencial e carga políticas. Eles apontam para a valorização social e financeira do magistério, para a distribuição prioritária de recursos aos marginalizados, para políticas de eliminação de todas as desigualdades de oportunidades e de desempenhos, para as dinâmicas da diferença e as experiências inquietantes da alteridade.

Do mesmo modo, ao situar-se na antípoda do processo de produção dos currículos nacionais – que apenas considera experiências localizadas e grupos privados de especialistas (cf. Parecer..., 1996) –, o processo de um pós-currículo é sempre democrático e participativo, estando encravado no imaginário, nas fantasias, nos desejos de todos os sem... Ele expressa as forças combativas das comunidades educacionais de resistência e a sua multiplicidade de abordagens e perspectivas. Ele assimila as experiências de professores e professoras, de mães, pais e alunos, de funcionários de escolas, de sindicatos e movimentos sociais, de associações científicas e parlamentares de oposição, de todos os comprometidos com as lutas dos diferentes.

Em função disso, esse currículo combativo assinala a premência de discutir e produzir políticas e práticas curriculares contra-hegemônicas às dimensões utilitárias, instrumentais e econômicas da educação neoliberal. Empenha suas forças produtivas e contestatórias na formulação de muitos currículos culturais, como forma de luta social, que ampliem possibilidades solidárias, populares e democráticas, que não mais silenciem ou marginalizem os diferentes. Faz isso, historicizando, politizando e culturalizando todos os currículos já construídos pela maioria das populações e inventando novos e ousados arranjamentos curriculares.

> A diferença detém a possibilidade não somente de trazer as vozes e as políticas do Outro para os centros de poder, mas também de compreender como o centro está implicado nas margens.
> (Giroux, 1999: 73)

Cultura em currículo

Significando-se como currículo cultural, em situação permanente de luta social, um currículo-pós é tanto uma estratégia política quanto uma arma de combate contra as práticas curriculares oficiais, mas também contra as cristalizadas pela tradição, que ainda possuem vigor em algumas escolas e em outros lugares pedagógicos. Politicamente engajado em problemas sociais, ele considera-se uma prática teórico-investigativa e, ao mesmo tempo, uma prática ativa de transformação cultural, imersa em relações de poder-saber, particularidades das distintas culturas, produções de subjetividades multiculturais e multirraciais.

Trata as culturas como invenção de diversas formações históricas, produzidas por conflitos e negociações, privilégios e subordinação. E, de todas elas, pesquisa e estuda suas artes e crenças, instituições e práticas comunicativas, atitudes e linguagens, ideias e textos. Porém, de modo deliberado, desestabiliza a concentração do capital cultural nas classes dominantes e enfatiza as culturas dos diferentes e negados, dos excluídos e de todos-os-outros, tornando-as o seu principal conteúdo e a matéria mais importante de suas práticas pedagógicas.

Esse currículo orgulha-se de promover uma política curricular intercultural, por meio de seminários de questionamentos, projetos de problematizações,

---

(...) o universalismo se denuncia porque exige reverência mais que ceticismo, reconhecimento mais que compromisso crítico e transmissão mais que suspeita.
(Giroux, 1996: 179)

diálogos entre programas, ações cooperativas entre professores e alunos de uma comunidade, rede, região. Ignora as divisões e classificações de saberes, baseadas em níveis de escolarização ou séries, ciclos ou faixas etárias, áreas de estudo ou disciplinas convencionais. Compreendendo-se como pós-disciplinar, ele seleciona seus saberes com base no único critério de serem produtivos para analisar problemas sociais e políticos, representações de identidades e de autoridade, fatores econômicos e morais, diversas definições do Eu e as micro-histórias subjugadas. Utiliza, assim, todos os saberes necessários para estudar as diversas existências locais, regionais, nacionais, transnacionais, intercontinentais.

Não vê problema algum em ser um currículo perspectivista, de traços caleidoscópicos, híbrido, mestiço, polimorfo, multifacético, fronteiriço, morador e cruzador das fronteiras dos conteúdos, valores e subjetividades fixos e universais. Ao contrário, por essas suas características, faz questão de ser exercido em qualquer comunidade formal ou informal: locais de trabalho e lazer, campo, cais, ilhas, praças, pátios, associações, ginásios, ruas, assentamentos, parques, viadutos, até em escolas. Faz questão de ser experienciado em qualquer lugar, onde lhe seja dada a oportunidade de produzir e contestar verdades, confrontar narrativas e experiências, construir e desconstruir identidades. Prefere acontecer em todos os espaços em que

> Temos antes que admitir que o poder produz saber (e não simplesmente favorecendo-o porque o serve ou aplicando-o porque é útil); que poder e saber estão diretamente implicados; que não há relação de poder sem constituição correlata de um campo de saber, nem saber que não suponha e não constitua ao mesmo tempo relações de poder. (Foucault, 1995: 29-30)

um ser humano for subjetivado, encontros se realizarem, fluxos de saber se esparramarem, forças de vida se afirmarem, flechas de esperança forem lançadas.

Por sua experimentação, um pós--currículo nada promete aos educadores e educandos, mas garante-lhes que terão intensificadas a sua condição de analistas críticos das culturas, a sua polissemia de animadores transculturais e a sua potência de intelectuais públicos, cada vez mais agenciadores da educação pública. Uma educação que é sempre de muitos, que pertence a todos nós que lutamos movidos pela insatisfação com o existente... jamais de alguns-poucos.

Nós em ação

Ao rejeitar os currículos nacionais – que fecham os horizontes sociais, empurram a educação para o conservadorismo, violentam a radical heterogeneidade das culturas –, seus controles técnicos e instrumentais, produtos e cálculos, utilitarismo e protecionismo, práticas submissas e rotinizadas de fazer educação, um currículo-pós modifica o que seja ensinar, planejar, escolarizar, pedagogizar, curricularizar. Leva-nos a indagar: *O que estamos fazendo de nós mesmos, dos outros, de nosso trabalho, vida, meio ambiente, sociedade, mundo, planeta?* A questionar nossos próprios limites, condutas, o que somos, o que nos fazem ser e querem que sejamos. A lutar, sem trégua, contra todas as posições-de-sujeito fixadas, especialmente, aquelas nas quais nós próprios estamos enredados.

Um pós-currículo promove inusitados modos de ser e de existir como educador. Afirma que só pode configurar-se como uma experiência emancipatória, como um projeto coletivo de liberdade, como batalha por uma educação que faça diferença social. Educação da diferença, que subverte as políticas atuais, vira o sistema de limites e exclusões que os outros currículos praticam, e que têm levado os grupos e povos de diferentes ao militarismo e terrorismo, exílio e extermínio, geografias de sangue e guerras, infâmias e misérias humanas.

A ética de nossa ação educacional, pela via de um currículo da diferença, está aliançada com culturas e políticas de muitos mundos, grupos, racionalidades, línguas, inteligências, grandezas, sensibilidades, histórias, realidades. Pluraliza nossas ações, ideias, palavras, relações, sujeitos, ver e ser visto, dizer e ser dito, representar e ser representado. Coloca-nos no fluxo de educar todos os que vêm se reinventando, os que estão em metamorfose, os não idênticos, outros-diversos, essencialmente-outros, outros-outros. Estimula diferentes formas de formular e de viver práticas educacionais alternativas ao projeto neoliberal e positiva meios para divulgar tais práticas, fazê-las circular e serem debatidas, de maneira a inspirar outras tantas.

> Diferença, hibridismo e mobilidade não são libertadores por si, mas tampouco o são a verdade, a pureza e a estase. A verdadeira prática revolucionária se refere ao nível de produção. A verdade não nos tornará livres, mas ficar no controle da produção da verdade, sim. Mobilidade e hibridismo não são libertadores, mas assumir o controle da produção da mobilidade e de estase, de purezas e misturas, sim. As verdadeiras comissões verdade do Império serão assembleias constituintes da multidão, fábricas sociais de produção da verdade.
> (Hardt e Negri, 2001: 174)

Em que consiste, afinal, um pós-currículo da diferença? Ora, ele é tudo o que se pode dizer e fazer de um currículo, hoje. Um dizer-fazer, advindo do acúmulo dos estudos de currículo e das práticas curriculares construídas pela história dos educadores de esquerda. Um fazer-dizer, portanto, que apresenta continuidades em relação aos currículos que o precederam e também descontinuidades; ações e pensamentos reiterados e também desruptivos; manutenção de antigas e também invenção de novas relações com os outros e conosco mesmos.

Um currículo da diferença é, assim, todos os currículos que nos sentimos convocados a criar, quando abrimos o jornal todo dia, neste preciso momento, no mundo, na história, e ficamos desassossegados, desconcertados, desalinhados, desarranjados com a existência dos diferentes e suas diferenças, a quem nos compete educar. Além disso, ele é cada um daqueles currículos, ainda inimagináveis e indizíveis, necessários e impossíveis, que nos impelirão, daqui para a frente, a curricularizar mais perigosamente.

Por tudo isso, um pós-currículo da diferença é potente para fornecer outros pensamentos, sonhos, emoções, humanidades diferentes. Que tenhamos coragem, força e vontade ética para assumir os riscos e errâncias da produção de vários currículos da diferença. Currículos sem dogmas e sem certezas, que avançam abertos ao futuro como advento da justiça. Avançam, em seu trabalho em processo, em suas estradas em andamento, em seus mares a fluírem. Currículos nos quais todos os diferentes que trabalhamos, caminhamos, navegamos, possamos, então, viver neles com mais singularidade e leveza, liberdade e beleza, dignidade e alegria.

Referências bibliográficas

BRASIL, Ministério da Educação e do Desporto. *Parâmetros curriculares nacionais de 1ª a 4ª séries*. Brasília: Secretaria de Ensino Fundamental, 1996.

CANEN, A.; MOREIRA, A. F. B. (Org.). *Ênfases e omissões no currículo*. Campinas: Papirus, 2001.

CORAZZA, S. M. *O que quer um currículo? Pesquisas pós-críticas em educação*. Petrópolis: Vozes, 2001.

_____. Planejamento de ensino como estratégia de política cultural. In: MOREIRA, A. F. B. (Org.). *Currículo:* questões atuais. Campinas: Papirus, 1997. p. 103-143.

FOUCAULT. M. *Vigiar e punir*. Petrópolis: Vozes, 1995.

GIROUX, H. *Placeres inquietantes*. Barcelona: Paidós, 1996.

_____. *Cruzando as fronteiras do discurso educacional:* novas políticas em educação. Porto Alegre: Artes Médicas, 1999.

HARDT, M.; NEGRI, A. *Império*. Rio de Janeiro: Record, 2001.

LARROSA, J.; SKLIAR, C. (Org.). *Habitantes de Babel:* políticas e poéticas da diferença. Belo Horizonte: Autêntica, 2001.

McLAREN, P. Pedagogía crítica y pragmatismo de la justicia. In: McLAREN, P. *Pedagogía crítica y cultura depredadora:* políticas de oposición en la era posmoderna. Buenos Aires: Paidós, 1997. p. 267-300.

PARECER DA FACED/UFRGS. *Educação & Realidade*, Porto Alegre, v. 21, n. 1, p. 229-241, jan./jun. 1996.

PESSOA, F. *Poesia:* Alberto Caeiro. São Paulo: Companhia das Letras, 2001.

SILVA, T. T. da. *Documentos de identidade:* uma introdução às teorias do currículo. Belo Horizonte: Autêntica, 1999.

5. Tempo e currículo: o quadro de horário e a distribuição escolar das ocupações[1]

Mariano Palamidessi
Pesquisador Principal da Área de Educação da Faculdade Latino-americana de Ciências Sociais (FLACSO-Buenos Aires).

O horário, quadro escolar

Todo currículo tem o quadro como figura básica. Um quadro é, antes de tudo, um dispositivo para distribuir: distribuição de indivíduos e de sucessos, de atividades ou de enunciados no espaço e no tempo. Dentre outros quadros escolares, os *horários* são os que administram a distribuição e o uso do tempo semanal e diário. O horário consagra a quantidade de dias e a quantidade de subdvisões do dia e, desse modo, regula os limites do tempo e da atividade.

No *emprego do tempo* que dispõe todo horário se atualizam três questões: a) o estabelecimento de ritmos por intermédio da subdivisão e do detalhamento de suas unidades; b) a determinação de atividades, exercícios ou ocupações determinadas; e c) a reiteração dos ciclos.

horário, ria. (Do lat. *horarius*). adj. Pertencente às horas // Quadro indicador das horas em que devem ser executados determinados atos. (Real Academia Española, 1992: 1123)

A palavra **quadro** tem distintas acepções na língua espanhola. Uma delas é a de "**Quadrado** de superfície plana fechada, de quatro retas iguais que formam quatro ângulos retos (...) // Marca, cerca que guarnece algumas coisas // **em quadro**. Na forma ou no modo de quadrado". Também é um "conjunto de nomes, cifras ou outros dados apresentados graficamente, de maneira que se saliente a relação existente entre eles". Ao longo do texto utilizam-se, ademais, as seguintes palavras: "**quadrícula**. (de quadro) f. Conjunto de quadrados que resultam de cortar-se perpendicularmente duas séries de retas paralelas. **Quadriculação**. F. Ação e efeito de quadricular. **Quadricular**. Adj. Pertencente à quadrícula./ Traçar linhas que formem uma quadrícula". (Real Academia Española, 1992: 604-605)

---

[1] *Traduzido do original em castelhano por Alice Casimiro Lopes e Elizabeth Macedo.*

É preciso fazer uma escrupulosa distribuição do tempo para que cada ano, mês, dia e hora tenha sua particular ocupação.
(Jan Amos Comenius, *Didáctica Magna*)

Até a reforma da década de 1990, o sistema educativo argentino se estruturou com base em uma escola primária de sete séries – seis até a década de 1910 – e uma escola secundária de cinco (Bachillerato, Escuelas de Comercio) ou seis (Escuelas Técnicas) anos de duração. Na escola primária, até a década de 1960, se usou a denominação 1ª série e 1ª série superior para os primeiros anos de escolaridade.

Os primeiros horários: enquadramentos fixos

Caso se leia o Plano de Estudos, Programas e Horários para as Escolas Comuns da Capital e Territórios Nacionais (Argentina) de 1888, pode-se encontrar uma boa quantidade de quadros de horários; dezesseis, para ser mais exato. Por que é possível encontrar tantos horários para um só plano de estudos? Nos planos de estudos vigentes nas últimas duas décadas do século XIX e nas primeiras décadas do século XX, a normalização do tempo diário e semanal nunca se resolve em um só quadro de horário. São necessários vários deles para estabelecer a ordem temporal do ensino. Em 1890, a Direção de Escolas da província de Buenos Aires promulga os horários para as escolas comuns, com vinte e sete quadros no total. Em sua primeira configuração, o horário apresenta-se como um quadro que regula com minuciosos detalhes cada um dos dias da semana, horas do dia, séries, tipos de escola e de sujeitos. No plano do Conselho Nacional de 1888, o horário para terça-feira, quinta-feira e sábado, correspondente à primeira e à segunda séries da Escola Infantil de meninas, indica-se a distribuição e o emprego do tempo conforme o quadro:

Horas	Emprego do tempo	Duração
De 11 a 11,10 min	Revista e lista	10 m
" 11,10 m a 11,30 min	*Aritmética*	20 m
" 11,30 m a 12 m	Leitura e escrita	30 m
" 12 a 12,10 m	Recreio	10 m
" 12,10 m a 12,30 m	*Exercícios intuitivos*	20 m
" 12,30 m a 1 m	*Idioma Nacional*	30 m
" 1 a 1,10 m	Recreio	10 m
" 1,10 m a 1,30 m	*Ginástica*	20 m
" 1,30 m a 2 m	*Leitura e escrita*	30 m
" 2 a 2,15 m	Recreio	15 m
" 2,15 m a 2,30 m	*Aritmética*	15 m
" 2,30 m a 3 m	*Exercícios intuitivos*	30 m
" 3 a 3,15 m	Recreio	15 m
" 3,15 m a 3,30 m	*Moral*	15 m
" 3,15 m a 4	*Desenho*	30 m

Essas tabelas impõem um marco temporal absolutamente exaustivo e visível. Trata-se de um molde único que regula toda a vida escolar em um mesmo ritmo. Sob essa forma particular, o horário é um quadro cuja reativação não admite movimentos nem adaptações. Tudo está dito, toda distribuição e emprego do tempo e das atividades já foram previstos. Os enquadramentos fixos não abrem espaços para o cálculo e a composição. Esses horários prescrevem tarefas, disciplinas e durações em uma peça única; fazem corresponder as horas e os minutos de cada dia com determinadas atividades. Esse molde é o que permite impor uma simultaneidade a todas as atividades de

Exercícios intuitivos é a denominação da disciplina com conteúdos de ciências na Escola Infantil (1º e 2º anos). Em síntese, seu programa consiste em: cor – forma – lugar – corpo humano – animais, plantas e minerais – matérias-primas usuais – descrição de objetos.

O horário deve estar em cada sala da escola, à vista de todos. (Consejo Nacional de Educación, 1888)

> Revista: como no exército, a revista é a atividade em que se revista o uniforme e o asseio pessoal dos alunos.
> Evoluções: são evoluções militares, compreendendo exercícios de formar fila, marchar, colocar-se em formação.
> Exercícios: atividades físicas, rítmicas e preparação para ginástica.

> Como sustentava Agustín Alvarez: "Uma vez descoberto o horário mais em harmonia com a boa marcha das escolas e com a higiene em suas mais eloquentes manifestações, por que não estabelecê-lo para todas as classes que se encontram em condições idênticas?" (O Monitor da Educação Comum, 1897, XVII: 337). "O horário deve reunir essas condições: proceder de maneira que nenhum aluno fique sem atividade em um momento qualquer; graduar a duração dos exercícios segundo a idade e as forças das crianças; englobar todo o programa, assegurando a cada uma de suas partes o tempo necessário em razão de sua importância e de sua dificuldade; fazer suceder um exercício fácil a um exercício que exija um grande esforço de atenção; dar um descanso ao corpo e ao espírito." (idem: 341)

cada unidade e retículo do sistema escolar. Sob o império dessa forma particular, o centro da regulação que realiza o horário é a correspondência entre durações, momento do dia/semana e disciplina/atividade: esse tipo de horário define, antes de tudo, atividades que se devem realizar (*revista, canto, evoluções, exercícios*), as disciplinas a prescrever em cada hora do dia e sua distribuição segundo os dias da semana. Cada quadrícula do horário estabelece uma correspondência fixa, que liga uma ocupação a um segmento determinado; imposição rigorosa do ritmo e da ubiquidade das atividades no tempo.

Como o horário fixa o que se deve fazer em cada momento e em cada situação, isso determina sua necessária multiplicação. A proliferação de tabelas de horários é o resultado de um conjunto de enunciados que se apresenta como um molde a ser utilizado em uma diversidade de situações. Como quadro que fixa, o horário se especializa: cada distribuição horária especifica e modela uma situação particular. Cada dia da semana, cada categoria (menina/menino, escola de meninas/escola de meninos) deve ser definida de maneira diferenciada; cada série está regulada por seu correspondente quadro. No plano das durações, esses horários têm por hábito definir segmentos mínimos, impondo o ritmo do relógio à organização da atividade escolar. Assim, o detalhamento temporal minucioso vai perdendo força e a duração de cada atividade começa a estender-se, movimento que se produz primeiro nas séries superiores e se estende nas primeiras décadas do século XX a todas as séries.

A construção de um espaço de cálculo

Na última década do século XIX e na primeira do século XX, as tabelas de horários, que determinam de um modo exato e minucioso atividades, exercícios e matérias para cada série, hora e dia da semana, são substituídos por outro tipo de quadro. Neles somente se enunciava o número de horas semanais consagradas a cada ramo ou matéria que correspondem a cada série. Quais são as novas feições que adquirem os horários? Já não se trata de um molde uniforme que se deve imprimir a cada uma das situações para as quais foi minuciosamente pensado. Esse horário é um quadro gerador de certo número de distribuições possíveis; uma matriz que precisa ser atualizada, concretizada, adaptada. É necessário preencher a distância entre as possíveis combinações que emanam de um tempo total fixado e o horário efetivo que governará cada série.

Nesses quadros, a tarefa de confeccionar o horário consiste em determinar em que quadrícula da grade semanal se enquadraria cada disciplina, partindo de

Distribuição do tempo semanal

Leitura Escrita Caligrafia Idioma Nacional Francês	5h30min
Aritmética Geometria Desenho Ciências Físico-naturais Agricultura e Pecuária	6h

(CNE, 1902: 211)

Os recreios de todas as classes deverão ser à mesma hora. (CNE, 1902)

Nenhuma classe diária sobre um grupo de matérias afins deverá durar mais de 60 minutos nem menos de 15. (CNE, 1902)

Os exercícios de uma mesma disciplina não poderão exceder, nos quatro primeiros graus, trinta minutos e nos dois últimos graus, cinquenta minutos. (CNE, 1910)

um total de cada uma delas que já está determinado. Por sua própria disposição, o horário precisa, agora, de adequações ou de adaptações que devem ser realizadas sobre a base de um cálculo e respeitando certa economia. Já não é uma distribuição precisa e inflexível que deve ser imposta a cada escola, mas um espaço para o cálculo, um jogo que diretores, inspetores e professores devem ativar para confeccionar o horário a aplicar. O horário do Plano de 1902 para os rapazes de 3ª, 4ª, 5ª e 6ª séries prescreve-se do modo descrito.

Daí em diante, o horário de cada série deve ser confeccionado. Isso implicou que, junto com as regulações enunciadas no quadro de horário, aparecesse uma série de considerações para que os diretores realizassem e os inspetores aprovassem a distribuição semanal e diária definida para cada série. Durante muitos anos, seriam os diretores os responsáveis por confeccionar e por modificar o horário. A tarefa de confeccionar o horário – a distribuição criteriosa das distintas matérias do plano de estudos na atividade diária e semanal – ativa o exercício do cálculo. Por isso, esse tipo de horário foi cercado de diversos critérios relacionados com a confecção do horário e com a utilização do tempo.

Ao mesmo tempo, produz-se uma transformação na ordem *interna* do quadro de horário: é estabelecida a duração da aula, primeiro em torno de

25-30 minutos e logo em torno de 40-45 minutos.

No sistema educativo argentino, as três primeiras décadas do século XX parecem constituir uma etapa de experimentação e de ajuste às regras que definem o quadro de horário. Com esse novo tipo de horário, vai-se impondo uma distribuição uniforme do tempo, baseada em um quadro de 25 tempos de aula. Ao estabelecer a quantidade de horas totais semanais por matéria ou por disciplina e dispor de unidades fixas, o horário constitui-se em um quadro que condensa critérios – pedagógicos, higiênicos e administrativos – em uma arquitetura econômica e simples.

Em torno de 1920, as escolas primárias da Capital Federal, dos Territórios e das Colônias Nacionais regiam-se pelo seguinte horário:

Distribuição	Manhã	Tarde
Entrada	8	13
Classe	8 a 8.45	13 a 13.55
Recreio	8.45 a 8.55	13.55 a 14.15
Classe	8.55 a 9.40	14.15 a 14.50
Recreio	9.40 a 9.50	14.50 a 15
Classe	9.50 a 10.30	15 a 15.40
Recreio	10.30 a 10.40	15.40 a 15.50
Classe	10.40 a 11.20	15.50 a 16.30
Saída	11.20	16.30

O *ativismo* e o questionamento do horário

Na década de 1930, o *ativismo* e as ideias da Escola Nova promovem uma ampla e variada crítica à "velha escola primária". Essa crítica concentra-se, em boa medida, na incapacidade de o instrucionismo mobilizar as energias infantis. Por meio de diversos temas e iniciativas, os reformistas postulam a necessidade de ganhar a alma infantil por intermédio do interesse e da "ocupação intensa" de suas forças orgânicas, físicas e espirituais. A *atividade* da criança situa-se agora no centro do olhar e da intervenção pedagógica e deve constituir-se no eixo

> Assim, (...) já não é possível pensar em um horário rígido que regule de antemão, para todo o ano e ao toque de sinal, o trabalho de todos os instantes do dia escolar. É notório que, segundo seja o tipo de assunto, a parte dele que corresponda considerar na jornada, a natureza das atividades que sua consideração promova e o interesse que na classe tenha suscitado, o tempo que se combine para a tarefa e sua ordenação no conjunto das que se executarão no dia são questões contingentes que, ainda que nunca ficarão liberadas ao acaso, pois ao mestre incumbe dispô-las com antecedência a sua realização, não podem ser determinadas com muita antecipação ao momento de dispô-las nem cabe condicioná-las 'a priori' dentro de um marco horário inflexível. (CNE, 1936: 22)

> O horário da série há de ser um instrumento adaptável às necessidades da classe, que sirva como indicador da forma em que deve ser distribuído o tempo, mas que não constranja nem oprima o natural movimento nem o ritmo lógico do trabalho das crianças. (CNE, 1936: 21)

de construção do programa escolar. Por isso, durante as décadas de 1930 e 1940, em muitos planos desaparece o horário apresentado sob sua forma gráfica (Viñao Frago, 1998). A arquitetura rígida do tempo escolar é posta em questão, e a ordem temporal escolar converte-se em objeto de problematização.

Contra os horários "rígidos" e os "toques de sinal", a recolocação da atividade da criança no centro do processo educativo concebe as distribuições fixas como uma camisa de força e não como um meio educativo. Nessa perspectiva, o tempo escolar delineia-se, então, como uma entidade flexível, suscetível de ser modificada segundo as circunstâncias. As mudanças anteriores não significavam uma ruptura com a ideia de que era necessária um quadrícula prévia que estabelecia a distribuição do tempo. Assim, é a própria existência de um *horário da série* definido para cada ano escolar que deve ceder frente a uma série de exigências: as características do assunto a ensinar, a natureza da atividade a desenvolver, a motivação que demonstram os alunos.

Diferentemente das *lições* e dos *exercícios*, as *atividades* deixam de ser entidades uniformes, segmentáveis, facilmente seriáveis. A atividade, o interesse ou o trabalho da criança possui temporalidades próprias. A contingência e a complexidade da atividade infantil impedem que se trace uma sequência e uma distribuição das tarefas fixadas previamente.

As novas verdades relativas ao governo da atividade, da atenção e do crescimento infantil privilegiam a ideia de uma distribuição metódica do tempo e do trabalho escolar. O modo pelo qual se rompe com a ordem uniforme e predeterminada é a ideia de que o horário deve se adaptar à criança, não o inverso. Há, sem dúvida, uma tensão entre as exigências das ocupações infantis e a ordem dos programas: "o horário escolar deve ser a distribuição razoável do tempo para atingir duas coisas: um trabalho escolar intenso e equilibrado e o cumprimento da tarefa determinada para cada série dentro do ano letivo" (Ministerio de Justicia e Instrucción Pública, 1945: 41).

> Por isso nos afastamos do horário mosaico, porque, aplicando-o, a atenção se dispersa. Todo trabalho exige, primeiro, que quem vá realizá-lo, penetre-o, compreenda-o. Para poder fazer algo, temos que começar a saber o que devemos fazer, quer dizer, penetrar no trabalho, centrar nossa atenção nele, apartando-a de tudo que possa solicitá-la nesse momento. Isso requer tempo e esforço e ambos são retirados do trabalho mesmo. Se no dia escolar repetíssemos essa adaptação várias vezes, perderíamos muito tempo e consumiríamos muitas energias inutilmente. Por isso não propiciamos o horário mosaico. (Ministerio de Justicia e Instrucción Pública, 1945: 44)

A década de 1970: o desenvolvimento infantil e as áreas curriculares

No início da década de 1970, o horário foi simplificado e renunciou a sustentar certas distinções, entre elas, as de gênero. Até esse momento, a divisão em função do gênero no uso do tempo era uma regularidade que se mantinha por meio de diversas vias: horário para escolas de meninas e para escolas de meninos, disciplinas para homens e mulheres, variação no tempo para as mesmas matérias etc. Por exemplo, o horário do *Plano de Educação Primária* (1961) do Conselho Nacional da Educação ainda dispunha, em seu eixo vertical, uma coluna diferenciada para meninos e meninas e, em seu eixo horizontal, as diferentes matérias:

DISCIPLINA	1ª inf.		1ª sp.		2ª		3ª		4ª		5ª		6ª	
	M	F	M	F	M	F	M	F	M	F	M	F	M	F
Linguagem	8	8	7	6½	7	6½	6½	6	6	6	6	6	6	6
Matemática	5½	5½	5½	5½	5½	5½	5½	5½	5½	5½	5½	5½	5½	5½
História									2	2	2½	2	2½	2
Moral e Cívica	5	5	6	6	6	6	7	7	½	½	½	½	½	½
Geografia									2	2	2	2	2	2
Ciências									3	3	3	3	3	3
Poupança e Previsão	½	½	½	½	½	½	½	½	½	½	½	½	½	½
Trabalho Manual (1)	1½	1½	1½	1	1½	1	2	½	2	½	2	½	2	½
Desenho	1	1	1	1	1	1	1	1	1	1	1	1	1	1
Trabalhos				1		1		2		2		2		2
Economia Doméstica										2		2		2
Canto e Música	1½	1½	1½	1½	1½	1½	1	1	1	1	1	1	1	1
Educação Física	2	2	2	2	2	2	1½	1½	1½	1	1	1	1	1

A partir desse momento, não há mais disciplinas diferenciadas para meninos e meninas. Daí em diante, o horário fixa apenas o total de horas semanais por disciplina e série sem produzir outra diferenciação. Até a década de 1970, essa distribuição do tempo pelas disciplinas já mostra essa simplificação máxima do quadro de horário: uma matriz com duas variáveis – o ano e a área – e um número inteiro cobrindo todas as células. A ampliação do jogo para a confecção do horário termina por eliminar quase todas as recomendações relacionadas com o uso do tempo. O trabalho necessário para confeccionar a distribuição de atividades da semana e do dia está totalmente contido no quadro.

SÉRIE/ÁREA	1ª	2ª	3ª	4ª	5ª	6ª	7ª
Língua	8	8	8	6	6	6	6
Matemática	7	7	7	6	6	6	6
Estudos Sociais	3	3	3	5	5	5	5
Ciências Naturais	2	2	2	3	3	3	3
Educação Física	2	2	2	2	2	2	2
Educação Plástica	1	1	1	1	1	1	1
Educação Musical	1	1	1	1	1	1	1
Atividades Práticas	1	1	1	1	1	1	1

Municipalidad de la Ciudad de Buenos Aires, 1981: 29.

Finalmente, na década de 1980, diversos delineamentos curriculares deixaram de apresentar quadros de horário, ficando o professor encarregado da tarefa de quantificar as atividades semanais; uma negação da possibilidade de o Estado prescrever diretamente a ordem do tempo e estabelecer um espaço preciso de cálculo. Desse modo, a regulação da distribuição e uso do tempo deve ser realizada *a posteriori*: "O caráter interdisciplinar desse documento não prioriza a carga horária de nenhuma disciplina sobre as demais. [...] Ver-se-á com clareza que fazer uma separação das tarefas para ajustar-se rigidamente a um horário mosaico seria tabular artificialmente as formas de aprender. Ainda assim, conviria revisar com certa periodicidade os tempos investidos em tarefas específicas de cada disciplina para conseguir uma distribuição equilibrada" (Municipalidad de la Ciudad de Buenos Aires, 1986: 86).

Recapitulação

O currículo da escola elementar na Argentina – que parece ser muito semelhante em muitos países (Benavot, Meyer et al., 1992) – se estruturou com uma estrita distribuição de ocupações. Tratava-se, assim, de impor uma disciplina corporal e espiritual e de promover a internalização de uma preocupação consigo mesmo em um ambiente vigiado (Elias, 1993). O exercício de uma atividade constante, regular e localizada se generalizou como o meio central para promover a ordem social, a moralização das massas e a regeneração dos indivíduos (Donzelot, 1991; Foucault, 1995; Puiggrós, 1990). Por isso, a partir da década de 1880, os planos de estudo e os horários enunciaram uma distribuição de ocupações em função de uma divisão de durações em segmentos detalhados, sucessivos e paralelos. Por isso, a disposição dos programas apresentava um conjunto ordenado de *objetos, lições* e *exercícios* para administrar o tempo e as ocupações escolares. Os horários que surgiram com os primeiros planos e programas impuseram a semana como unidade de distribuição do tempo, com uma tabela diferente para cada dia e ano. O horário materializava uma construção estatal e centralizada do ritmo escolar, caracterizada pela frequência do exercício e pela fixação estrita de ocupações diárias. Dispositivo de disciplinamento, o enquadramento fixo impõe um quadro rígido e exige um controle estrito das durações e da pontualidade, uma precisa e custosa mecânica do tempo e da atividade. O detalhismo da distribuição do tempo evita os tempos mortos, impondo a moralização pelo trabalho própria do ensino. Modelo de ordem do século XIX, a estrita divisão em quadrículas das durações e das atividades impõe a preocupação com a racionalização e com o cálculo do tempo próprio da lógica civilizacional (Elias, 1993).

Depois de duas décadas de experimentação, essas matrizes foram abandonadas nos planos e programas posteriores. Razões pedagógicas, econômicas, higiênicas e paidológicas, questões geográficas e pressões políticas foram modelando outro campo de possibilidades. O novo quadro de distribuição do tempo e das atividades fixou os totais e definiu uma instância de composição: a confecção do horário do ano. O horário é, desde então, uma matriz de possibilidades regulada por uma série de regras para armar. No entanto, essa nova configuração do horário a ser composto só parecia difundir-se plenamente quando o dia escolar se dividia em unidades de tempo mais homogêneas, mais reduzidas em número e, portanto, com maior duração. Com o horário homogêneo – hoje denominado *horário mosaico* – a manipulação das atividades torna-se mais simples, já que a fixação de um número de períodos de igual duração facilita o cálculo. Com a emergência da *atividade da* criança, nas décadas de 1930 e de 1940, a distribuição e o governo do tempo escolar sofrem modificações importantes. Os novos modos de governo e de condução da criança afirmaram a necessidade de concentrar e integrar as matérias em unidades didáticas maiores.

A partir das duas últimas décadas do século XIX até 1980, os quadros de horário adotaram diversas formas. Ainda que essa rápida revisão não permita estabelecer uma periodização, certas questões podem ser reconhecidas com bastante nitidez:

1. Durante o século XX, o quadro de horário tornou-se menos denso. Reduzindo a quantidade de quadrículas e

---

O número quatro feito coisa
ou a coisa pelo quatro quadrada,
seja espaço, quadrúpede, mesa,
está racional em suas patas;
está plantada, à margem e acima
de tudo o que tentar abalá-la,
imóvel ao vento, terremotos,
no mar maré ou no mar ressaca.
Só o tempo que ama o ímpar instável
pode contra essa coisa ao passá-la:
mas a roda, criatura do tempo,
é uma coisa em quatro, desgastada.
(*O número quatro*, João Cabral de Melo Neto. In: Melo Neto, 1976: 57)

as variáveis que se tenta regular, o quadro de horários adquire cada vez mais flexibilidade e nova capacidade de integração. Na década de 1980, finalmente, o quadro de horário tende a desaparecer dos planos curriculares. De certo modo, essa descrição esquemática mostrou o processo de imposição, generalização, homogeneização e, mais recentemente, de desestruturação tendencial do quadro de horário.

2. A evolução dos quadros mostra um movimento inequívoco na construção do currículo: o controle do emprego do tempo escolar deslocou-se para baixo: das tabelas fixas para cada dia, passando pelas considerações para que o Diretor compusesse o horário de cada ano, até chegar aos chamados para flexibilizar o momento dos recreios. Como o quadriculado e o enquadramento são cada vez menos precisos, a distribuição e o emprego do tempo adotaram a forma de um exercício generalizado. O jogo dos quadros *liberou* os professores do enquadramento fixo e das distribuições preestabelecidas e os prendeu ao exercício contínuo da composição. O professor e a escola são afirmados como o *locus* das distribuições. É o docente quem deve quadricular e adaptar os quadros ao *desenvolvimento* e aos *tempos* da criança.

3. Finalmente, é possível reconhecer que, na década de 1980, algumas das ideias relativas ao uso do tempo que surgiram cinquenta anos antes finalmente

pareciam ter encontrado o momento para se desenvolver plenamente: o chamado a questionar a simultaneidade dos sucessos escolares, a crítica à dispersão da atenção ou à fragmentação do conhecimento. Já muito distante das correspondências fixas e das localizações obrigatórias, o cálculo e a distribuição do tempo e das atividades escolares apresentaram-se cada vez mais móveis, mais múltiplos, mais sociais.

Referências bibliográficas

BENAVOT, A.; CHA, Y.; KAMENS, D.; MEYER, J; WONG, S. Knowledge for the masses: world models and national curricula, 1920-1986. In: MEYER, J.; KAMENS, D.; BENAVOT, A. School knowledge for the masses: world models and national primary curricular categories in the Twentieth Century. London: Falmer, 1992. p. 40-62.

COMENIUS, J. A. *Didática magna*. São Paulo: Martins Fontes, 1997.

DONZELOT, J. Espacio cerrado, trabajo y moralización. In: AA.VV.: *Espacios de poder*. Madrid: La Piqueta, Madrid, 1991. p. 27-52.

ELIAS, N. *El proceso de la civilización*. Buenos Aires: FCE, 1993.

ESCOLANO, A. Tiempo y educación. Notas para una genealogía del almanaque escolar. *Revista de Educación*, Madrid: MEC, n. 298. p. 57-79, 1992.

FOUCAULT, M. *Vigilar y castigar*. México: Siglo XXI, 1995.

MELO NETO, J. C. *Museu de tudo*. Rio de Janeiro: José Olympio, 1976.

PUIGGRÓS, A. s*ujetos, disciplina y curriculum en los orígenes del sistema educativo argentino (1885-1916)*. Buenos Aires: Galerna, 1990.

REAL ACADEMIA ESPAÑOLA. *Diccionario de la lengua española*. Madrid: Espasa-Calpe, 1992.

VIÑAO FRAGO, A. *Tiempos escolares, tiempos sociales. La distribución del tiempo y del trabajo en la enseñanza primaria en España (1838-1936)*. Barcelona: Arial, 1998.

Planos de estudos, programas e currículos

CONSEJO NACIONAL DE EDUCACIÓN. *El Monitor de la Educación Común*. (Diversos números.)

_____. *Plan de Estudios, Programas y Horarios para las Escuelas Comunes de la Capital y Territorios Nacionales*. Buenos Aires, 1888.

_____. *Plan de Estudios y Programa de Educación Primaria*. Buenos Aires, 1961.

_____. *Plan de Estudios y Programas Sintéticos y Analíticos para las Escuelas Primarias de la Capital*. Buenos Aires, 1910.

_____. *Programas para las Escuelas Comunes de la Capital*. Buenos Aires, 1897.

CONSEJO NACIONAL DE EDUCACIÓN. *Programas para las Escuelas Comunes de la Capital*. Buenos Aires, 1899.

_____. *Programas para las Escuelas Comunes de la Capital Federal*. Buenos Aires, 1936.

_____.*Programas para las Escuelas de Provincia*. Buenos Aires, 1964.

_____. *Programas y Horarios para las Escuelas Comunes de la Capital Federal*. Buenos Aires, 1902.

MINISTERIO DE CULTURA Y EDUCACIÓN DE LA NACIÓN. *Lineamientos Curriculares de 1º a 7º Grados*. Buenos Aires, 1972.

MINISTERIO DE JUSTICIA E INSTRUCCIÓN PÚBLICA. *Plan de Instrucción Primaria*. Buenos Aires, 1945.

MUNICIPALIDAD DE LA CIUDAD DE BUENOS AIRES. *Diseño Curricular*. Buenos Aires, 1981.

_____. *Diseño Curricular para la Escuela Primaria Común*. Buenos Aires, 1986.

6. Poder, discurso e política cultural: contribuições dos Estudos Culturais ao campo do currículo

Marisa Vorraber Costa
Professora titular da Universidade Federal do Rio Grande do Sul (UFRGS).

Em anos muito recentes, predominantemente naqueles que demarcam um período que nos acostumamos a identificar como o limiar do milênio, intensificaram-se muito, particularmente no mundo ocidental, as preocupações com as questões culturais. Entre tantos outros motivos, elas decorrem, sem dúvida, das transformações na ordem mundial delineadas ao longo do século XX, mais acentuadamente no período pós-Segunda Guerra Mundial. Estas mudanças decorrem não apenas das novas conquistas nos domínios tecnológicos, mas também dos emergentes arranjos políticos, econômicos, sociais e culturais que se configuraram nesse período de confrontos. O mundo nunca mais seria o mesmo, dizem alguns críticos, depois do holocausto e das bombas atômicas despejadas sobre Hiroshima e Nagasaki, eventos dramáticos por sua violência e pela demonstração da intolerância humana.

Episódios temporalmente mais próximos de nós, como a guerra na Bósnia, no Afeganistão, os conflitos entre israelenses e palestinos e o atentado, em

> Alguma coisa explodiu, partida em cacos. A partir de então tudo ficou mais complicado. E mais real. (Caio Fernando Abreu, 1982)

setembro de 2001, às torres do World Trade Center, em Nova York, entre tantos outros, são evidências contundentes de um mundo conflagrado pelos embates entre culturas. Que há de novo na forma como os acontecimentos vêm sendo pensados nesse início do século XXI? Muitos analistas contemporâneos têm se dedicado ao exame das injunções que gestaram os eventos que mencionei – e outros de impacto e de consequências semelhantes –, e têm sido quase unânimes em situar sua origem em fenômenos da ordem da cultura. O objetivo deste texto é, justamente, expor um panorama das discussões contemporâneas sobre a cultura, situando, dentro dele, os Estudos Culturais e as contribuições que análises em andamento neste novo campo podem trazer para que as importantes questões culturais que conflagram o mundo possam integrar as pautas dos currículos escolares e da formação de professores e professoras.

Os Estudos Culturais e as mudanças na concepção de cultura

Os meados da década de cinquenta do século recém-findo assinalaram o surgimento de fortes críticas à concepção de cultura até então dominante na teoria cultural. Isto se verifica, em grande parte, em decorrência da cada vez mais proeminente implicação de questões culturais problemáticas no contexto político da época. De acordo com muitos autores e autoras, a nova tendência que surge na segunda metade do século XX começou por questionar duramente as concepções inspiradas na tradição arnoldiana de cultura vigentes desde a segunda metade do século XIX e que dominaram por mais de cem anos as análises culturais do Ocidente.

O foco central das contestações é a noção de cultura defendida por Mathew Arnold – um corpo de conhecimento que ele identificava como "o melhor que se pensou e disse no mundo" e que estaria em oposição a tudo aquilo entendido como os "progressos da civilização". Embutida nessa visão, ainda prevalecente em pleno século XX, está uma suposição elitista e hierárquica de que existiria uma "cultura verdadeira" e, oposta a ela, uma "outra cultura", a do povo, das pessoas comuns. Na visão arnoldiana, a cultura adjetivada como popular era sinônimo de desordem social e política, ao passo que "cultura", grafada no singular e sem adjetivos, seria o mesmo que harmonia e beleza – algo a ser cultivado para enfrentar a barbárie. Somente essa suposta verdadeira cultura poderia redimir o espírito e suprimir a anarquia instaurada pela classe trabalhadora emergente.

Correspondendo ao alerta feito por Arnold, surge, na primeira metade do século XX, na Inglaterra, uma das mais

> Tradição que segue os postulados teóricos de Mathew Arnold, cuja obra principal é *Culture and Anarchy*. A agenda de debates estabelecida por Arnold e seus seguidores (dentre eles Frank Raymond Leavis) vai permanecer em vigência no período de 1860 a 1950. O foco central deste posicionamento é uma visão elitista e discriminadora de cultura, expressão clássica do pensamento não igualitário.

influentes análises culturais que se conhece, cujo objetivo era, exatamente, seguindo as proposições de Arnold, fazer frente ao suposto "declínio cultural", ao que aquele crítico chamava de cultura da padronização e do "nivelamento por baixo". Levado a efeito por Frank Raymond Leavis, esse projeto teve como pressuposição central a ideia de que a cultura sempre teria sido sustentada por uma minoria que mantinha vivos "os padrões da mais refinada existência". A civilização e a cultura de massa estariam ameaçando esses padrões, afastando as pessoas dos cânones da literatura e das artes e transformando o mundo em massas de indivíduos incultos ou semicultos. Esse entendimento era tão ameaçador para alguns, no contexto da época, que os seguidores de Leavis chegam a publicar um manifesto em que propõem introduzir nos currículos escolares um treinamento de resistência à cultura de massa e, para além dos muros das escolas, conclamam as minorias cultas a um esforço direcionado e consciente para fazer frente à falência da "verdadeira cultura".

Como se pode perceber, o que está em jogo é a noção de cultura como um certo estado cultivado do espírito em oposição à de civilização, entendida como localizada do lado da exterioridade, da superficialidade, das coisas materiais.

O surgimento de análises que passam a integrar um conjunto identificado como *Estudos Culturais* é resultante de

---

A expressão *cultura de massa* tem sido utilizada para designar produções culturais de grande difusão e circulação, entendidas como objetos preferenciais do povo, de discutível qualidade estética. Pode dizer respeito, também, aos gostos e hábitos de vida dos grandes contingentes da população, distanciados dos comportamentos e preferências supostamente refinados das elites. Hoje, estas distinções estão cada vez mais diluídas na medida em que cultura de massa, cultura erudita e cultura popular estão se interpenetrando e borrando suas fronteiras. O atual *reality show*, apresentado na televisão brasileira com o título de *Big Brother Brasil*, é um excelente exemplo de produção cultural típica da cultura de massas, que tem agradado quase todos os distintos segmentos da sociedade.

uma movimentação teórica e política que se articulou contra as concepções elitistas e hierárquicas de cultura – como era o caso das matrizes arnoldianas e levisistas. Naquelas tradições, "cultura" e "civilização" estavam em oposição. Aquilo de que a palavra "cultura" dava conta constituía algo qualitativamente superior ao que seria proporcionado pelos ditos "progressos da civilização".

A crítica a essas concepções – arnoldianas e levisistas – de cultura vai significar, no meio do século XX, uma verdadeira revolução na teoria cultural. Nela estão engajados intelectuais provenientes de famílias de classe operária, situados entre os primeiros integrantes da classe trabalhadora que tiveram acesso às instituições de elite da educação universitária britânica, em decorrência do paulatino processo de democratização. Um desses intelectuais, Raymond Williams, já nos primórdios dos Estudos Culturais, argumenta contra a oposição entre "cultura de massa" e "alta cultura" e entre "cultura operária" e "cultura burguesa". O próprio Williams aponta e se opõe a um certo etnocentrismo cultural dominante que descarta todas as expressões e realizações humanas não submetidas à expressão escrita e à tradição letrada.

Como se pode observar, dar combate às posições elitistas significou, desde o início, que a cultura, nos Estudos Culturais, muito antes de dizer respeito aos domínios estético ou humanístico (do suposto espírito "cultivado"), está ligada ao domínio político.

De acordo com Stuart Hall (1997; 1998) – um dos mais conhecidos e destacados intelectuais dos Estudos Culturais – os trabalhos no novo campo reconhecem as sociedades capitalistas industriais como lugares de divisões desiguais, no que se refere a etnia, sexo, divisões de gerações e de classes dentre tantas outras. A cultura é um dos principais *locus* em que são estabelecidas tais divisões, mas também em que elas podem ser contestadas. É na cultura que se dá a luta pela significação, na qual os grupos subordinados tentam resistir à imposição de significados que sustentam os interesses dos grupos dominantes. Nesse sentido, os textos culturais são muito importantes, pois eles são um produto social, o local onde o significado é negociado e fixado, em que a diferença e a identidade são produzidas e fixadas, em que a desigualdade é gestada.

Poder, discurso e política cultural

Ao longo da segunda metade do século XX, os Estudos Culturais se caracterizaram por constituir um campo instável, amplo e diversificado de análises culturais. Hoje, eles continuam sendo transformados e os debates mais recentes de inspiração pós-moderna estariam substituindo as abordagens

---

Nas análises culturais de inspiração pós-estruturalista, que dão grande importância à linguagem, a expressão textos culturais é utilizada para referir-se a uma variada e ampla gama de artefatos que nos "contam" coisas sobre si e sobre o contexto em que circulam e em que foram produzidos. Filmes, obras literárias, peças publicitárias, programas de rádio e TV, músicas, quadros, ilustrações, bem como livros didáticos, leis, manuais, provas e pareceres descritivos, ou mesmo um museu, um *shopping center*, um edifício, uma peça de vestuário ou de mobiliário etc., são *textos culturais*.

iniciais centradas nas questões de ideologia e hegemonia. Novas perspectivas, novos focos de atenção, novos debates e variadas metodologias de investigação surgem a cada momento, e as preocupações iniciais da matriz britânica vão assumindo configurações locais ao viajarem pelo mundo, rompendo fronteiras geográficas, culturais e disciplinares. Do campo da literatura, cenário dos embates iniciais sobre questões de política cultural, passou-se aos demais campos e, atualmente, antigos e novos objetos de todas as áreas de produção de saberes vêm sendo alvo de discussão nos Estudos Culturais.

Parece que é esse caráter "contextualizável" e versátil que tem feito dos Estudos Culturais um território de embates em que diferentes interesses políticos entram em jogo. Por um lado, a vocação transnacional ou mesmo global dos Estudos Culturais tem-lhes possibilitado operar no âmbito muito amplo da política cultural, na qual, por exemplo, as conquistas das mulheres por igualdade – no mercado de trabalho, nas comunidades locais, em suas vidas pessoais etc. – produzem efeitos para além das fronteiras nacionais ou das diferenças no tom de pele, na cor do cabelo ou no formato dos olhos. Certas hegemonias não estão delineadas, muitas vezes, seguindo contornos limitados. Como no caso do gênero sexual, elas são praticamente mundiais. Subvertê-las pode requerer

A expressão *política cultural* vem sendo utilizada para referir-se às estratégias políticas implicadas nas relações entre o discurso e o poder. Em geral, diz respeito a como as identidades e as subjetividades são produzidas e como elas circulam nas arenas políticas daquelas formas sociais nas quais as pessoas se movem. A escola, o currículo e o livro didático são exemplos de arenas da política cultural onde os embates identitários se dão segundo relações assimétricas de poder. A esse respeito, publiquei um estudo, em 1998, examinando a questão da política cultural nos currículos escolares. (Costa, 2001)

táticas adequadas a cada contexto; no entanto, os ecos de uma luta quase planetária, certamente, também surtem seus efeitos no nível local. Por outro lado, a grande expansão carrega sempre o risco da banalização, da utilização oportunista, da despolitização. Precisamos estar atentos para isto.

Nas inúmeras análises em circulação nas publicações mais recentes, é possível perceber a fecundidade das abordagens pós-estruturalistas que se utilizam das concepções de poder e discurso de Michel Foucault, bem como daquelas tendências do pensamento pós-moderno que, a partir da "virada linguística", têm se concentrado nas questões da linguagem e da textualidade. A desconstrução e o afastamento de concepções edificadas sobre os binarismos, por exemplo, são formas de trabalhar no campo político com novos conceitos e com um novo conjunto de métodos nos Estudos Culturais.

A potencialidade política desse tipo de análise é ainda controvertida em nosso meio, particularmente em núcleos acadêmicos cristalizados em certa ortodoxia marxista que não admite qualquer tipo de luta política oposicionista fora da "experiência vivida" ou das chamadas "práticas concretas". Contudo, considerar a análise dos textos culturais como uma forma de expor mecanismos de subordinação, de controle e de exclusão, que produzem efeitos cruéis nas arenas políticas do

---

A expressão *virada linguística* refere-se às movimentações no campo da filosofia em que o discurso e a linguagem passam a ser considerados como constituidores da realidade. Segundo as concepções que se afinam com a virada linguística, nosso acesso a uma suposta realidade é sempre mediado por discursos que não apenas a representam, falam dela, mas a instituem. Quando se fala de algo também se inventa este algo.

O termo *desconstrução* vem sendo utilizado para referir-se àqueles procedimentos da análise do discurso (nos moldes adotados pelos filósofos Jacques Derrida e Michel Foucault, entre outros) que pretendem mostrar as operações, os processos que estão implicados na formulação de narrativas tomadas como verdades, em geral, tidas como universais e inquestionáveis. A desconstrução tem possibilitado vislumbrar com nitidez as relações entre os discursos e o poder. Ao contrário do que muitas pessoas pensam, desconstruir não significa destruir. Desconstruir, neste caso, significa uma estratégia de desmontar para poder mostrar as etapas seguidas na montagem.

mundo social, é uma posição que já tem extraordinária ressonância no cenário internacional e também nacional.

Quando indivíduos, grupos, tradições descrevem ou explicam algo em uma narrativa ou discurso, temos a linguagem produzindo uma "realidade", instituindo algo como existente de tal ou qual forma. Assim, quem tem o poder de narrar pessoas, coisas, eventos ou processos, expondo como estão constituídos, como funcionam, que atributos possuem, é quem dá as cartas da representação, ou seja, é quem estabelece o que tem ou não tem estatuto de "realidade". O olhar do fotógrafo ou do cineasta através da câmera, o olhar do cientista através do microscópio, a observação do naturalista, o experimento do psicólogo, a descrição do geógrafo, a escuta ou os relatos do historiador, o debate do pesquisador participante, o traço, a palavra, a forma ou o som produzidos pelo artista, para citar apenas alguns exemplos, são sempre guiados por um desejo de conhecer que resulta na captura do objeto através da atribuição de sentido. Os objetos não existem, para nós, sem que antes tenham passado pela significação. A significação é um processo social de conhecimento. Toda a teorização corrente sobre a escola, a educação, o ensino, a pedagogia, a aprendizagem, o currículo, constitui um conjunto de discursos, de saberes, que, ao explicar como essas coisas funcionam e o que são, as institui. De acordo com

Embora não tenham exatamente o mesmo sentido, neste texto estou usando os termos *narrativa* e *discurso* como sinônimos, referindo-me a relatos que nos contam coisas. Ao fazer isto, narrativas e discursos inventam as coisas sobre as quais falam. Uma novela que em suas tramas nos relata os comportamentos de jovens está produzindo uma narrativa, um discurso sobre como é a juventude. A Psicologia, disciplina que pretende apresentar um conjunto de saberes sobre como as pessoas e/ou grupos se comportam ou deveriam se comportar está inventando uma narrativa sobre o comportamento humano. Muitas narrativas ou discursos invocam para si o atributo de universalidade. Estas foram denominadas metanarrativas pelo filósofo francês Lyotard.

Foucault, as narrativas formam o aparato de conhecimentos produzidos pela modernidade com o objetivo de tornar administráveis os objetos sobre os quais falam. Conhecer o que deve ser governado, afirma ele, é parte da estratégia que permite a regulação e o controle de indivíduos, grupos, processos e práticas.

Segundo essa concepção, no campo educacional, não só a Psicologia e a Pedagogia são discursos que dispõem sobre seus objetos para poder administrá-los e governá-los; também as demais disciplinas que integram os currículos escolares são intensamente governamentais. A Geografia, a História, a Física, a Biologia são apenas alguns exemplos de narrativas que disciplinam, organizam, estruturam aquilo de que falam. O que a Geografia vem contando sobre povos e culturas, por exemplo, é tomado como "a verdade" sobre estes povos e culturas. Da mesma forma, aquilo que a Biologia vem relatando a respeito de características raciais ou distinções sexuais tem sido o que define padrões de normalidade, decorrendo, daí, o estabelecimento da excepcionalidade, da deficiência. O problemático na disciplinaridade é que ela se exerce desde um espaço-tempo privilegiado – a modernidade europeia – que, assim, se institui como norma, como referência e fonte de esclarecimento destinada a ordenar tanto o mundo natural como o social. Tudo o mais que possa existir entre o céu e a Terra são "outros", em geral, tidos como exóticos, incompletos, anormais, deficitários e necessitando de coordenação, controle, correção e suprimento. A contribuição desse tipo de análise para a escolarização, o currículo e a pedagogia é inestimável, uma vez que nos alerta para a necessidade de conceber os campos como territórios de disputa, como arenas sociais em que estão em jogo as próprias identidades. É nesse espaço que se afirmam e se fortalecem as diferenças utilizadas como argumentos lógicos, naturais, que têm funcionado como justificativa para a desigualdade e a exclusão. Nas pesquisas em que venho trabalhando, tenho procurado mostrar que as formas como falamos sobre o mundo, por meio das linguagens particulares e das teorias disponíveis, modelam amplamente nossa compreensão sobre por que e como as coisas são como são. Isso significa, mais uma vez, que nossas escolhas são linguisticamente determinadas e passam a ter importância excepcional quando começamos a pensar sobre a multiplicidade de linguagens e de textos culturais aos quais ou pelos quais somos assujeitados, de uma ou outra forma, na medida em que eles dão existência ao mundo para nós e somos, também, parte dessa invenção.

> Eu não encontrei os monstros humanos que muitas pessoas esperavam. Ao contrário, a população como um todo é muito bem feita. (Colombo, 1969: 121)

Por sua vez, estudos recentes inscritos no campo relativamente novo dos Estudos Culturais têm nos alertado, igualmente, para o que Henry Giroux e também a pesquisadora Shirley Steinberg[1] denominam *pedagogia cultural*, ou seja, a ideia de que a coordenação e a regulação das pessoas não se dá apenas pelos discursos circulantes nos espaços pedagógicos institucionalizados como as escolas e seus similares. Segundo esses autores, todos os locais da cultura em que o poder se organiza e se exercita, como programas de TV, filmes, jornais, revistas, brinquedos, catálogos, propagandas, anúncios, *videogames*, livros, esportes, *shopping centers*, entre tantos outros, são espaços que educam, praticando pedagogias culturais que moldam nossa conduta. As pedagogias culturais vão formatando a nossa identidade, na medida em que envolvem nosso desejo, capturam nossa imaginação e vão construindo a nossa consciência. Isso significa que há pedagogias culturais e currículos culturais em andamento dentro e fora das instituições educacionais, estruturados de acordo com as forças que regem a dinâmica comercial, política e cultural predominante no mundo contemporâneo.

Em suas reflexões, Stuart Hall vem reiteradamente apontando para a importância de nos ocuparmos com a "esfera cultural" em nossas pesquisas. Ele nos ajuda a entender por que as questões

---

[1] *Para entender melhor esta noção de pedagogias culturais, recomenda-se o livro* STEINBERG, Shirley (Org.). Cultura infantil: *a construção corporativa da infância. Trad. George Eduardo Bricio. Rio de Janeiro: Civilização Brasileira, 2001.*

culturais ocupam cada vez mais frequentemente o centro dos debates sobre as políticas públicas. No cerne da questão, diz ele, "está a relação entre cultura e poder. Quanto mais importante – mais 'central' – se torna a cultura, tanto mais significativas são as forças que a governam, moldam e regulam" (p. 40).

O que podemos observar no panorama que apresentei é que os Estudos Culturais parecem ser intensamente permeáveis às mudanças históricas, à diversidade de ênfases problemáticas em diferentes momentos e geografias, e têm se caracterizado pelo debate amplo, pela divergência e pela intervenção. As discussões iniciais, fortemente impulsionadas pela centralidade da problemática de classes sociais, foram sendo mescladas, diversificadas e até mesmo substituídas por outras questões e temáticas. A imensa disseminação e a sofisticação tecnológica de artefatos culturais como o cinema, a televisão e a telemática, por exemplo, nos últimos trinta anos, instigaram o surgimento de novas e produtivas formas de pesquisa e debate. Os estudos feministas, os estudos sobre racismo e as polêmicas interdisciplinares a respeito da construção social da sexualidade são algumas das arenas da política cultural nas quais as discussões adquiriram grande visibilidade e tiveram o leque de suas possibilidades de problematização e de estudo grandemente ampliado. Hoje, poderíamos afirmar que o problema

> Todos nós queremos o melhor para nossos filhos. Mas o que é a educação senão o processo através do qual a sociedade incute normas, padrões e valores – em resumo, a 'cultura' – na geração seguinte na esperança e expectativa de que, desta forma, guiará, canalizará, influenciará e moldará as ações e as crenças das gerações futuras conforme os valores e normas de seus pais e do sistema de valores predominante da sociedade? O que é isto senão regulação – governo da moral feito pela cultura? (...) Porque os moralistas tradicionais se importariam com o que as pessoas veem na televisão, a menos que, implicitamente, acreditassem que o que as pessoas assistem na TV, que as representações que elas veem, e a forma como o mundo é representado para elas – em resumo, a 'cultura da televisão' – influencie, modele, guie e regule normativamente, por exemplo, a conduta sexual dessas pessoas? (...) Por que, na verdade, aconselhamos nossos amigos que estão com problemas, senão pela expectativa de que o que dissermos realmente mude suas atitudes, e que esta 'mudança de cultura' mude seu comportamento, e que eles conduzam suas práticas sociais de forma diferente, conforme um novo conjunto de normas e significados culturais? Não estamos necessariamente falando aqui em dobrar alguém por coerção, influência indevida, propaganda grosseira, informação distorcida ou mesmo por motivos dúbios. Estamos falando em arranjos de poder discursivo ou simbólico. Toda a nossa conduta e todas as nossas ações são moldadas, influenciadas e, desta forma, reguladas normativamente pelos significados culturais. (Hall, 1997: 40-41)

mundial das questões étnicas e raciais colocou a temática como um dos focos preferenciais das análises dos Estudos Culturais. As guerras étnicas em andamento em quase todos os continentes estão dentro das nossas casas, com suas versões inventadas e reinventadas pelos textos jornalísticos, televisivos e telemáticos. Por sua vez, os conflitos étnicos estão também em nossos grupos de amigos e em nossas escolas. Discriminações, nas suas formas mais variadas e perversas, espalham-se pelas páginas de revistas, de livros, pelas cenas de novelas e pelos enormes *outdoors* espalhados nas metrópoles do século XXI. Não há como não nos envolvermos com isso, de uma ou de outra maneira. Seremos cúmplices se permanecermos omissos. Examinar e discutir esses textos culturais, dentre tantas outras possibilidades, é uma das nossas formas de participar das lutas políticas por uma sociedade menos discriminadora e excludente. Os Estudos Culturais e sua multiplicidade de possibilidades analíticas são, certamente, uma das chances que temos de não nos conformarmos em ser meros espectadores de conflitos étnicos, raciais e religiosos que assolam algumas regiões, povos e culturas do mundo, mas que também acontecem ao nosso lado, diante dos nossos olhos. A análise e a discussão das questões deveriam permear os currículos escolares em todos os graus do ensino. Contribuir para que se possa compreender as divisões do mundo como produções que operam no campo discursivo e simbólico forjando a identidade e a diferença é uma das muitas formas como os Estudos Culturais podem participar efetivamente de uma educação mais consentânea com os problemas e dilemas do mundo em que precisamos viver e conviver.

Referências bibliográficas

ABREU, C. F. *Transformações. Morangos mofados.* São Paulo: Brasiliense, 1982. p. 66-70.

ARNOLD, M. *Culture and anarchy.* London: Cambridge University Press, 1960.

COSTA, M. V. (Org.). *Escola básica na virada do século:* cultura, política e currículo. São Paulo: Cortez, 1996.

_____ Currículo e política cultural. In: _____. *O currículo nos limiares do contemporâneo.* Rio de Janeiro: DP&A, 1998.

_____ (Org.). *Estudos culturais em educação:* mídia, arquitetura, brinquedo, biologia, literatura, cinema... Porto Alegre: Editora da Universidade, 2000.

COLOMBO, C. *The four voyages of Christopher Columbus:* being his own log-book, letters, and dispatches with connecting narrative drawn from the life of the admiral by his son Hernando Colon and other contemporary historians. Londres: Peguin, 1969.

FOUCAULT, M. *Vigiar e punir.* Petrópolis: Vozes, 1989.

_____. *História da sexualidade I:* a vontade de saber. Rio de Janeiro: Graal, 1993.

_____. *A ordem do discurso.* São Paulo: Loyola, 1996.

_____. O sujeito e o poder. In: DREYFUS, H.; RABINOW, P. *Michel Foucault, uma trajetória filosófica:* para além do estruturalismo e da hermenêutica. Rio de Janeiro: Forense Universitária, 1995.

GIROUX, H. Praticando estudos culturais nas faculdades de educação. In: SILVA, T. T. (Org.). *Alienígenas na sala de aula: uma introdução aos estudos culturais em educação.* Petrópolis: Vozes, 1995.

HALL, S. A centralidade da cultura: notas sobre as revoluções culturais do nosso tempo. *Educação & Realidade,* Porto Alegre, v. 22, n. 2, jul./dez. 1997.

_____. *A identidade cultural na pós-modernidade.* Rio de Janeiro: DP&A, 1998.

KELLNER, D. Lendo imagens criticamente: em direção a uma pedagogia pós-moderna. In: SILVA, T. T. (Org.). *Alienígenas na sala de aula.* Petrópolis: Vozes, 1995.

LEAVIS, F. R. Mass civilisation and minority culture. In: STOREY, John (Ed.). *Cultural theory and popular culture:* a reader. Hemel Hempstead: Harvester Wheatsheaf, 1994.

STEINBERG, S. R. Kindercultura: a construção da infância pelas grandes corporações. In: SILVA, L. H.; AZEVEDO, J. C.; SANTOS, E. S. (Org.). *Identidade social e a construção do conhecimento*. Porto Alegre: SMED, 1997.

STEINBERG, S. R. (Org.). *Cultura infantil:* a construção corporativa da infância. Trad. George Eduardo Bricio. Rio de Janeiro: Civilização Brasileira, 2001.

VEIGA-NETO, A. Foucault e educação: outros estudos foucaultianos. In: SILVA, T. T. (Org.). *O sujeito da educação:* estudos foucaultianos. Petrópolis: Vozes, 1994.

WILLIAMS, R. *Culture and society*. Harmondsworth: Penguin, 1963.

_____. *Cultura e sociedade*. Trad. Leônidas Hegenberg, Octanny da Mota e Anísio Teixeira. São Paulo: Editora Nacional, 1969.

7. Conhecimentos escolares e a circularidade entre culturas

Maria de Lourdes Rangel Tura
*Professora adjunta da Faculdade de Educação
da Universidade do Estado do Rio de Janeiro (UERJ).*

Emissário de um rei desconhecido,
Eu cumpro informes instruções de além,
E as bruscas frases que aos meus lábios vêm
Soam-me a um outro e anômalo sentido...
(Fernando Pessoa, in: Pessoa, 2000: 38)

A teoria curricular tem problematizado as formas de transmissão, apropriação e legitimação dos conhecimentos escolares, que se naturalizaram em estruturas disciplinares e, numa perspectiva crítica, entende-os como vinculados a uma visão particular de mundo, fortemente impregnada de crenças, afetos, valores, ideais, expectativas e relações de poder.

Neste texto, pretendo inserir essa discussão na dinâmica da interação de diferentes padrões e lógicas culturais que se comunicam no interior do espaço escolar e, para tal, trago a valiosa contribuição dos estudos de Carlo Ginzburg no campo da história da cultura.

A cultura popular e a cultura erudita

Carlo Ginzburg, nascido em Turim em 1939 – tendo se beneficiado da convivência em um ambiente de encontro entre diversas civilizações, local em que, no processo histórico de contatos comerciais entre Oriente e Ocidente, se processou intensa circulação de ideias, estéticas e saberes –, calçou seus estudos históricos no caldeamento de influências, trocas e confrontos entre culturas que se comunicam e se comunicaram naqueles espaços. A literatura, as lendas, a narração de festas populares e as pistas deixadas pelas formas de produção da hegemonia e legitimação do poder a um tempo religioso e temporal lhe deram as bases para a compreensão da forma como se processa a interação entre culturas, o que na atualidade tem despertado bastante interesse nos estudiosos do assunto.

As questões que moviam esse estudioso da história da cultura eram as relações entre a cultura das classes subalternas e a dominante, e ele esbarrava com a persistência de formulações aristocráticas, que, com frequência, descartavam a possibilidade da existência de ideias ou crenças originais elaboradas pelos grupos dominados. A tendência no sentido de se ter a percepção de uma deterioração ou deformação popular do que era transmitido pela cultura erudita – entendida como de produção mais requintada porque elaborada por adequados mecanismos de sistematização e racionalização – ao povo. Radicalizando e nos limites dessa concepção, caberia indagar se a própria cultura popular existia ou se ela não era apenas um simulacro de baixa extração da cultura dominante. Isso é coerente

Lenda do Vaqueiro Misterioso
GONÇALO FERREIRA DA SILVA

com análises de feição etnocêntrica que percebem a emulação de gostos, gestos e formas discursivas da cultura erudita pelos grupos mais afastados de seus centros de produção.

Em dimensões históricas, há uma dificuldade especial de estudar a cultura popular que se instituiu basicamente pela tradição oral e por seus poucos produtos literários – almanaques, folhetos de canções e receitas, narrações da literatura de cordel etc. –, os quais parecem ser o reflexo de um saber simplório ou simplificado imposto às classes populares.

Em outro sentido, há quem entenda a cultura popular como original e autônoma, baseando-se na premissa da criatividade popular, que, no entanto, não deixa muitos vestígios porque produzida pela tradição oral. A essa abordagem se ligam certas tendências populistas e ingênuas, próprias de formulações a respeito da educação popular, que tiveram muita presença nos anos 1980.

A originalidade do pensamento de Carlo Ginzburg pode ser aquilatada em um texto inaugural, que relata uma investigação que realizou nos arquivos do Santo Ofício sobre o processo de heresia movido contra Menocchio, um moleiro que viveu no final da Idade Média e que sustentava a tese de que o mundo tinha sua origem na putrefação (Ginzburg, 1987). Nos esforços que fazia para entender os contraditórios fragmentos que recolhia, o pesquisador aproximou-se de um estudo de Mikhail Bakthin, que destaca as formas de relação entre o erudito e o popular, coerente com os indícios[1] encontrados por Ginzburg nos documentos de sua investigação. O trabalho de Bakhtin (1993), que teve por foco o mesmo período investigado por Ginzburg, o século XVI, buscou na investigação de fontes populares – especialmente na literatura cômica baseada no grotesco, na paródia e nas imagens cômicas – a forma de compreensão dos escritos de Rabelais. Era um estilo que se opunha ao tom dogmático e à seriedade da cultura oficial e, por meio de uma composição sincrética que articulava imagens da antiguidade clássica e motivos cristãos, o povo criava seu ponto de vista particular a respeito do mundo e sua gente, usando o recurso da ridicularização de ícones da cultura dominante. Interessa neste ponto destacar as permutações entre a cultura erudita e a cultura popular e as formas de comunicação entre o clássico e a vulgata. Esse estilo ressurge nos séculos seguintes na forma, por exemplo, do grotesco romântico do século XIX ou do grotesco

---

[1] Ginzburg (1989) analisou o surgimento, no final do século XIX e no campo das ciências humanas, de um modelo epistemológico que denominou "paradigma indiciário" que conduzia à construção do conhecimento pelo exame de pormenores por vezes negligenciados pelos pesquisadores ou por indícios imperceptíveis para a maioria dos observadores. Esses indícios têm a vantagem de possibilitar a recomposição do todo pela análise de algumas de suas pistas e aguça a sensibilidade do investigador para as diferenças.

> Empregando uma terminologia embebida de cristianismo, neoplatonismo e filosofia escolástica, Menocchio procurava exprimir o materialismo elementar, instintivo, de gerações e gerações de camponeses. (Ginzburg, 1987: 132)

modernista ou realista do século XX. A essa altura não como produção popular, mas com o requinte da erudição.

Ginzburg estava envolvido com a complexa relação de Menocchio com a cultura escrita e seu modo muito particular de realizar sua leitura, que pressupunha, em primeiro lugar, a interação com a cultura oral, que era patrimônio do grupo social com quem se comunicava, e, também, a influência de múltiplos fragmentos de textos – de culturas orientais, de estudos teológicos oriundos de matrizes da tradição judaico-cristã, de narrativas de comerciantes etc. – bastante desconexos e ao mesmo tempo coerentes com a armação de sua tese.

A atividade de moleiro, nesse período, tinha aspectos marcantes por ser o moinho o local para onde afluíam os vários camponeses interessados na moagem de seus grãos. Funcionava, assim, como uma praça, local de encontros, de negócios e de troca de ideias, o que era facilitado pelo tempo de espera.

Essa investigação possibilitou a Ginzburg estabelecer uma hipótese geral sobre a cultura popular ou, mais especificamente, sobre a cultura camponesa da Europa pré-industrial e muitas indagações sobre as culturas contemporâneas, indagações essas que vão se tornando cada vez mais pertinentes pela forma que se vê realizar na atualidade a comunicação entre diferentes padrões culturais em confronto com as formas globalizadas da cultura mundializada e cibernética.

Ginzburg (1987) distinguiu, então, o que definiu pelo termo *circularidade entre culturas*, que explica o "relacionamento circular feito de influências recíprocas" (p. 13) entre as culturas dominantes e dominadas e que se movia tanto de cima para baixo quanto de baixo para cima. Esta análise se opõe ao conceito de autonomia e continuidade de qualquer cultura.

A noção de circularidade entre culturas estabelece, pois, uma mobilidade fundada na inter-relação e na intertextualidade das culturas e subentende movimentos ascendentes e descendentes, que se processam no interior de uma hierarquia de poderes. Nesse movimento se instituem aproximações e nexos, adaptações e deslocamentos, que unem temas tratados em tempos diferentes, perspectivas diversas, contextos antagônicos e que se ampliam em um diálogo, que emerge de um fluxo de rupturas e descontinuidades de relações lógicas.

São aspectos que fazem eco com análises como a de Hall (1997), que distinguiu a multiplicidade de significados e de mensagens que penetram nos espaços cotidianos de nossas relações pessoais e que devem dialogar com o que é central na cultura globalizada, o que inclui o interesse em homogeneizar os processos instituídos pelo desenvolvi-

> Há, certamente, muitas consequências – até agora sem solução – em termos das exportações culturais do ocidente tecnologicamente superdesenvolvido, enfraquecendo e minando as capacidades de nações mais antigas e de sociedades emergentes na definição de seus próprios modos de vida e do ritmo e direção de seu desenvolvimento. Há também diversas tendências contrapostas impedindo que o mundo se torne um espaço culturalmente uniforme e homogêneo. A cultura global necessita da diferença para prosperar – mesmo que apenas para convertê-la em outro produto cultural para o mercado mundial (como a cozinha étnica). É, portanto, mais provável que produza "simultaneamente" novas implicações "globais" e novas identificações locais do que uma cultura global uniforme e homogênea. (Hall, 1997: 19)

mento técnico-científico em geral e, em especial, pelas tecnologias da informação que comandam a criação de sistemas estandardizados, padrões absolutos de julgamento e preferência estética. É assim que diversos particularismos e regionalismos convivem e entram em conflito com a matriz hegemônica e são reelaborados padrões simbólicos em sociedades multiculturais que deixam evidente a intensa circularidade entre as culturas.

Ampliando sua perspectiva de análise, Ginzburg (2001) estudou, no contexto histórico, outras situações que corroboravam a ideia de que entre "a cultura douta e a cultura popular costuma existir uma relação circular" (p. 23). São as inúmeras faces da produção discursiva e cultural de diversos povos e tradições religiosas, que parecem encadear-se em nexos incomensuráveis, em desdobramentos políticos, em temas filosóficos, em práticas consagradas, em ritos, adivinhas, provérbios, réplicas da oratória clássica. A análise de Ginzburg se detém, então, na influência duradoura de cada um dos modelos cognitivos que dão fundamento a uma pluralidade de pontos de vista.

A escola é um local privilegiado de troca de ideias, de encontros, de legitimação de práticas sociais, de interação entre gerações, de articulação entre diversos padrões culturais e modelos cognitivos. Isso se deve à sua ação sistemática de transmissão de conhecimentos,

> A possibilidade de que Marco Aurélio tenha se inspirado num gênero popular como as adivinhas se afina bem com uma ideia que me é cara: a de que entre a cultura douta e a cultura popular costuma existir uma relação circular. (Ginzburg, 2001: 23)

competências e disposições socialmente reguladas à população de crianças e de jovens de uma específica organização social. Esse é um lugar onde se constroem identidades, onde se delimitam diferenças, onde "sistemas simbólicos fornecem novas formas de dar sentido à experiência das divisões e desigualdades sociais e aos meios pelos quais alguns grupos são excluídos e estigmatizados" (Woodward, 2000: 19). Ou seja, a intertextualidade que permeia o confronto de posições, sentidos e estilos de vida no ambiente pedagógico permite entendê-lo como um importante espaço de circularidade entre culturas e avaliar as complexas articulações produzidas entre os diversos discursos e redes simbólicas que convivem em seu interior e as determinações e proposições de um currículo escolar, rigidamente formalizado, hierarquizado e seletivo.

A escola como local de circularidade entre culturas

Para analisar a questão da circularidade entre culturas no espaço escolar, irei relatar algumas situações que presenciei quando estive observando o cotidiano de uma escola pública de ensino fundamental no município do Rio de Janeiro. A escola funcionava em dois turnos, com turmas matutinas e vespertinas, nas suas oitos séries desse nível de ensino. Situava-

Minha escola primária...
Escola antiga de antiga mestra.
Repartida em dois períodos
Para a mesma meninada, das 8 às 11, da 1 às 4.
Nem recreio, nem exames.
Nem notas, nem férias.
Sem cânticos, sem merenda...
(...)

A gente chegava "— Bença, mestra".
Sentava em bancos compridos,
Escorridos, sem encosto.
Lia alto as lições de rotina: o velho abecedário,
Lição salteada.
Aprendia a soletrar.
(Cora Coralina, s/d)

-se na Zona Sul da cidade, em local próximo de várias comunidades faveladas. A população discente era oriunda dessas favelas, de filhos e filhas de empregadas domésticas ou de trabalhadores nos prédios da vizinhança do colégio e de jovens moradores do bairro. Havia uns poucos estudantes que residiam em locais mais distantes e alguns – poucos também – trabalhavam no horário vespertino ou noturno. Observei um grande preconceito contra o aluno ou aluna que morava na favela e uma tendência entre eles de camuflar essa situação. Em torno de concepções como essa e dos preconceitos delas decorrentes, se construíam os mitos escolares do "aluno-problema" ou em "situação delicada". Algumas professoras moravam perto da escola. A maioria dos docentes, no entanto, residia afastada do colégio, alguns nos subúrbios da cidade. Podia-se observar ali a efetividade de uma cultura própria da escola, matriz das crenças, expectativas, modos de trabalho, valores dos professores e professoras, assim como dos alunos e alunas. Os estudantes, que sabiam muito bem o que regulava as atividades pedagógicas naquele colégio, procuravam dialogar com a sua rede de significados e sentidos. Acompanhando o acontecer de suas diferentes atividades pedagógicas e a vida agitada que se desenrolava naquele espaço, pude verificar que tudo corria em ritmo acelerado, para que se pudesse dar conta das exigências programáticas e das disposições regulamentares com uma equipe reduzida de docentes e funcionários e um grupo grande de estudantes. Esse ritmo estava plenamente incorporado à organização da escola e devia acomodar-se em seu reduzido espaço físico e adaptar-se à exiguidade de seus recursos materiais. Isso, no entanto, não impedia que os ritos escolares fossem seguidos em sua completude. As formas ritualizadas de organização do espaço escolar e de marcação do tempo eram mantidas cuidadosamente, pois conferiam sentidos às ações, justificavam crenças, assinalavam valores e determinavam uma hierarquia de posições (Bourdieu, 1982)[2]. Eram processos que indicavam aos que frequentavam aquele lugar, de que estavam em uma escola, de que havia regras a cumprir e um costume sancionado e legitimado.

Chamava a atenção, também, as formas rígidas de demarcação dos espaços de relação, da ordem estabelecida para os contatos entre os diferentes sujeitos educativos da escola, como analisou Edwards (1997). Mas, apesar dos esforços empreendidos pela equipe docente e pela diretora para de alguma maneira disciplinar os

---

[2] *Pierre Bourdieu (1982) estudou as formas de integração social que os ritos possibilitam àqueles que deles compartilham e, nesse sentido, distinguiu os ritos de instituição que estabelecem as distinções entre os que participam ou pertencem a um determinado grupo e os que permanecem de fora ou que não alcançam o necessário sucesso. Entre esses pode-se elencar os da matrícula escolar, os da colação de grau e tantos outros que fazem parte do cotidiano escolar.*

estudantes, na visão da Coordenadoria Regional de Educação (CRE) ou, para exemplificar, de uma supervisora que esteve visitando a escola no primeiro semestre, ela era por demais barulhenta. Um dia ouvi a supervisora da CRE, ao se despedir da diretora do colégio, dizer que ia naquele dia procurar uma escola que só tivesse o primeiro segmento do ensino fundamental, porque os discentes deviam ser menos agitados e ela não ia aguentar tanto barulho num só dia.

O barulho, que a supervisora da CRE não suportava mais ouvir, identificava os estudantes da escola com uma série de riscos e ameaças de transgressão, com os comportamentos inadequados, com atitudes irreverentes e com gostos pouco favoráveis à disciplina do estudo, como indicaram Giroux e Simon (1994). No entanto, o formalismo descrito e a rigidez das relações sociais não impediam que os sujeitos educativos encontrassem formas de expressar suas ideias, valores e crenças num complexo de situações, interdições, deslocamentos, adaptações que davam sentido à sociabilidade construída naquele local, caracterizado pela heterogeneidade cultural própria da amálgama de conteúdos oriundos do intercâmbio entre as diferentes tradições culturais e os novos símbolos trazidos principalmente pelos canais eletrônicos de comunicação, conectados num hibridismo próprio da modernidade latino-americana, como definiu Garcia Canclini (1989).

Essas constatações tornam possível estabelecer um paralelo entre a cultura escolar e a cultura dominante, como estudou Ginzburg. A cultura docente, integrada às identidades plurais dos professores e professoras da escola, se pautava muito fortemente nos códigos da cultura escolar. Os estudantes deixavam relevar, por suas atitudes e modos de ser, uma visão de mundo própria das culturas populares.

Pensando na atitude da supervisora e em muitos outros momentos de observação da vida naquela escola, é possível assinalar a dominação cultural, que se expressava no perceber o outro – o estudante, o não docente – como deficiente, mal integrado ao contexto social ou ao processo de desenvolvimento tecnológico, o que levava a que se procurasse eliminar os aspectos considerados negativos no comportamento dos alunos e alunas e, nesse processo, suas linguagens iam sendo desmerecidas, valores e normas e seus estilos de vida desautorizados para inseri-los na cultura escolar, entendida como de padrão mais elaborado, melhor sistematizada e mais erudita, o que corrobora afirmações de Duschatzky e Skliar (2001). Sob a perspectiva da circularidade entre culturas, isso implicava traduções, transferência de sentidos, reconstruções, adaptações – algumas críticas – e negociações "nas margens deslizantes do deslocamento cultural", para fazer eco com os estudos de Bhabha (1998: 46), que

Sabemos muito bem que toda herança cultural é continuamente apropriada e reelaborada. Quem saqueará, quem fará sua a nossa noção de história, talvez rejeitando seu núcleo conceitual, incorporado na metáfora da perspectiva? (Ginzburg, 2001: 197)

concebe um entre-lugar nas articulações do hibridismo cultural.

As disciplinas escolares e a circularidade entre culturas

A discussão sobre "o que deve ser ensinado nas escolas" envolveu diferentes abordagens da teoria curricular e encaminhou o entendimento do currículo como uma construção social permeada pela lógica da organização e estratificação social e das relações de poder. A tradição que instituiu as grades curriculares e o forte valor simbólico conferido aos conhecimentos escolares exigiu a criação de rígidos mecanismos de controle[3] daquilo que envolve sua transmissão e assimilação, e estes se constituíram em múltiplas formas, tradicionais ou atualizadas de normatização dos currículos. Assim, ao se estudar a relação entre conhecimento e poder na instituição pedagógica estão em questão os processos de dominação da cultura escolar, que se desdobram em seus ritos de instituição e nos inúmeros mitos que sustentam diversas formas de controle e regulação.

---

[3] *A cultura pode ser entendida como um conjunto de mecanismos de controle, utilizados para governar o comportamento humano. Isso porque a espécie humana precisa mais do que qualquer outra de recursos extragenéticos para controlar seus impulsos e para direcionar sua ação. Por isso, tem sentido falar em mecanismos de controle que regem os processos de transmissão/assimilação de conhecimentos escolares. (Geertz, 1989)*

No desenvolvimento do currículo escolar, se incorporam novos conhecimentos e reelaboram saberes em redes de significados que têm seus sentidos, lógicas e técnicas sendo construídas em lugares, por vezes, diferentes daqueles da cultura escolar. Ou seja, em torno das diferentes disciplinas ensinadas e aprendidas no colégio, novas regras são estabelecidas, comportamentos determinados, normas organizadas, valores aferidos e elementos de diferentes culturas postos em contato.

Corazza (2001), ao analisar as subjetividades produzidas pelo currículo, retoma essa discussão na perspectiva das teorias pós-críticas, que distinguem o currículo como uma linguagem dotada de significados, imagens, falas, posições discursivas e, nesse contexto, destaca que nas margens do discurso curricular se comunicam códigos distintos, histórias esquecidas, vozes silenciadas que, por vezes, se imiscuem com o estabelecido, regulamentado e autorizado. Por isso, é nas suas formas linguísticas que o currículo se faz e, ao fazer-se, produz ideias, práticas coletivas, subjetividades e particularidades atinentes ao tempo e lugar onde se fala.

É nesse sentido que se pode dizer que os conhecimentos escolares corporificavam o mais importante veículo propulsor da circularidade entre as culturas que convivem no ambiente escolar e, no que nos interessa mais de perto, a circularidade entre as

> Adianta querer saber muita coisa? O senhor sabia, lá para cima, me disseram. Mas, de repente chegou neste sertão, viu tudo diverso diferente, o que nunca tinha visto. Sabença aprendida não adiantou para nada... Serviu algum? (João Guimarães Rosa, 1996)

diferentes culturas brasileiras, o que inclui seus hibridismos e sincretismos que se interpõem na organização curricular e na estrutura disciplinar.

De volta à escola que foi *locus* de minha investigação, trago dois acontecimentos que ilustram bem a interação entre as culturas que se comunicavam no seu interior.

Num Conselho de Classe, houve um momento em que a professora de Ciências das 5as séries relatou longamente sua inquietação a respeito das dificuldades de aprendizagem dos alunos e alunas. Para exemplificar o que dizia, procurou, entre as provas que tinha em cima da mesa, uma que estava separada das outras. Então, colocou seus óculos para ler e, satisfazendo as expectativas de quem a ouvia, fez a leitura da resposta que um aluno deu à prova bimestral. Ele escreveu: "o cuidado com a terra exige sinceridade". As professoras fizeram um longo silêncio e se entreolharam. O que o aluno queria dizer com aquilo? Estranho! Como? Como apareceu aquilo ali? Melhor dizendo, por que o garoto redigiu sua resposta daquela forma? De onde veio essa "sinceridade"? De onde veio esse se relacionar com a terra tão pessoalmente? Que ideia!

Nosso país foi, em passado não muito remoto, um país agrário, agrário-exportador. A cidade do Rio de Janeiro tem sido local para onde se dirigem e se dirigiram levas de imigrantes do interior, muitos deles fruto do esgotamento das fronteiras agrícolas da região, vítimas da sempre adiada reforma agrária.

Os mestres e mestras estavam perplexos. A professora de ciências afirmava que não poderia ter dito nada de parecido com aquilo em suas aulas. "Sinceridade" no trato com a terra *não* estava certo. Ou será que estava?

A proposta curricular, a sequência de conteúdos, as etapas de aprendizagem, os métodos didáticos não dão indicações sobre como agir numa circunstância dessas. Corazza, destacando o currículo como uma linguagem, afirmou que ele fornece apenas uma das tantas maneiras de formular o mundo, de significá-lo. No entanto, muitas outras visões, sentidos, significados, práticas coletivas e sociais se imiscuem no que foi enunciado e se expressam para além do planejamento curricular como outro discurso, diferente do oficial. A "sinceridade" havia proposto para aquele grupo de professores e professoras uma indagação. Não era nada que ficaria perdido. A "sinceridade" era um sinal das influências recíprocas entre diferentes culturas, tempos históricos e espaços sociais estratificados; da existência de múltiplos significados que circulavam naquele ambiente escolar não homogêneo, mas híbrido e plural.

Outro acontecimento pode ilustrar essa convivência de diferentes lógicas e modelos culturais e as formas como elas interagem e se cruzam em uma intertextualidade que produz um dis-

> Os professores pensam que a linguagem origina-se no indivíduo; que o que dizem é resultado de sua vontade. Presos à ideologia dos significados fixos nos significantes, não se colocam facilmente o problema da pluralidade dos significados. (...)
> Transformar essa ideia significa estabelecer um processo constante de desconstrução da linguagem pedagógica que apela – em qualquer tempo e em qualquer lugar – aos universais culturais, à continuidade e à invariância da história e do sentido, ao logocentrismo e, desta forma, ao sentido estabelecido, quando não ao significado essencial da experiência. (Silva,1998: 16-17)

curso sincrético e especialmente rico em modulações.

Conheci a experiência de um jovem professor de História que, para apoiar o estudo da Revolução Francesa e da Revolução Industrial, propôs aos estudantes da 7ª série que se organizassem em pequenos grupos para representar os diferentes sujeitos históricos participantes desses acontecimentos. O grupo representante de cada estamento social deveria pesquisar a atuação deste no livro didático e apresentar o que havia aprendido à turma, assim como responder às perguntas dos colegas.

Um dia, quando encontrei um grupo de alunos e alunas da 7ª série no recreio, percebi que eles haviam feito acoplar à atividade proposta pelo professor a perspectiva de suas encarnações pretéritas. Por isso, havia um garoto que estava muito aborrecido porque, na outra encarnação, fora padre e na época da Revolução Industrial teve de "ralar, ficar com as mãos grossas trabalhando na fábrica" como operário. Não eram posições que ele gostaria de ter ocupado e, por isso, dizia que era uma pessoa azarada.

O professor de História não poderia imaginar que seus discípulos se sentiriam alegres ou frustrados por ele ter determinado, por meio de sorteios, suas situações em outras vidas, em anteriores encarnações. Tudo se encaixava, inclusive o sorteio de dimensões mágicas, por sua decisão ao acaso.

Passei a observar atentamente os comentários feitos pelos alunos e alunas a respeito daquela atividade tão estimulante, em que, confrontados com sua experiência pessoal e com os padrões de sua cultura, faziam interatuar homens e mulheres, ricos e pobres, empresários e operários, brancos e negros, mandatários e servos e tantos sujeitos históricos num desfile de posições e de situações sociais, que encenavam suas múltiplas encarnações ambientadas em diferentes temporalidades e espaços sociais.

A crença nas seguidas encarnações e reencarnações, que possibilitam a purificação dos espíritos e o progresso da humanidade, foi o "pano de fundo" que ambientou as dinâmicas aulas do professor de História e um relacionamento muito positivo com os estudantes da 7ª série. São situações que apontam para a variedade das experiências vividas nos colégios e para a confluência dos múltiplos significados que se comunicam no espaço escolar.

Os professores e professoras, anteriormente dominantes na construção da cultura escolar, têm de se haver atualmente com a concorrência de muitos outros campos discursivos e simbólicos. Certeau (1995) alertou para o fato de que a escola perdeu sua centralidade como distribuidora da ortodoxia em matéria de prática social, mas a ela cabe a articulação entre o saber técnico e a relação social que lhe é subjacente. Ou seja, para complicar a

> A dinâmica cristalizada na cultura escolar apresenta uma enorme dificuldade de incorporar os avanços do desenvolvimento científico e tecnológico, as diferentes formas de aquisição de conhecimentos, as diversas linguagens e expressões culturais e as novas sensibilidades presentes de modo especial nas novas gerações e nos diferentes grupos culturais. (...)
> Chama a atenção quando se convive com o cotidiano de diferentes escolas, como são homogêneos os rituais, os símbolos, a organização do espaço e dos tempos, as comemorações de datas cívicas, as festas, as expressões culturais etc. (Candau, 2000: 53-54)

vida dos docentes, é no campo da cultura que se destaca a função social da escola, em um tempo em que a manutenção de certos padrões de relacionamento e visões de mundo próprias do ambiente escolar estão em conflito com as transformações do mundo do trabalho, com o desenvolvimento das novas tecnologias da informação e dos meios de comunicação. As mudanças nas funções da escola sinalizam, então, para o fato de que ela constitui atualmente local privilegiado de encontro e articulação entre modelos culturais contraditórios. Por isso, ao se dirigir o olhar interessado para as diferentes "tribos" que desfilam no seu interior, se observa que, apesar de no corpo docente se manter, em grande medida, a expectativa da formação de identidades e subjetividades estudantis reguladas pelos processos de estandardização e globalização das sociedades contemporâneas, há inúmeros deslocamentos e trânsitos na mediação das disputas culturais, e é visível a multiplicidade de linguagens que se entrecruzam nos espaços pedagógicos e que produzem outras versões e formulações para os conteúdos da aprendizagem escolar. Em decorrência disso, acontecem muitos "erros", fracassos e exclusões sociais.

É, pois, no confronto e acomodação entre modelos e lógicas culturais diversos que se realiza a circularidade entre culturas no interior da ação educativa e, nesse processo, identidades e subjetividades – fragmentadas, plurais e multirreferenciadas – se constroem na convivência com o "outro" do ambiente escolar.

Considerações finais

Pensando nos acontecimentos que colocaram em cena a professora de Ciências e o professor de História, o que se pôde perceber é que se está diante de situações muito atuais, que se desdobram da rede de significados e da multiplicidade de sentidos que envolvem os conhecimentos escolares ou que se está diante da constatação de que os conhecimentos escolares não são meros objetos manipuláveis e transmissíveis como uma realidade física ou algo externo àqueles que o possuem (Gimeno Sacristán, 1995). Nos fatos relatados, experiências pessoais e aparentemente alheias aos conteúdos divulgados pelos mestres e mestras, impregnadas de crenças, valores e significados prévios da cultura discente, emergiram sob a forma de um outro conhecimento bastante significativo para os alunos e alunas e se agregaram ao discurso disciplinar produzindo novos sentidos.

Gimeno Sacristán fala na necessidade de se entender a cultura escolar como um jogo de interesses e interações estabelecidos no diálogo transmissão/assimilação de conteúdos disciplinares. Crenças, aptidões, valores, atitudes e

Do ponto de vista pedagógico, o importante não são as declarações ou os desejos sobre aquilo que queremos introduzir nos currículos, mas a experiência que é vivida pelo aluno. Quando entendemos a cultura não como os conteúdos-objeto a serem assimilados, mas como o jogo de intercâmbios e interações que são estabelecidos no diálogo da transmissão-assimilação, convém estarmos conscientes de que em toda experiência de aquisição se entrecruzam crenças, aptidões, valores, atitudes e comportamento, porque são sujeitos reais que lhes dão significados, a partir de suas vivências como pessoas. (Gimeno Sacristán, 1995: 88)

disposições adquiridos em outros ambientes culturais se articulam aos novos saberes aprendidos no colégio, pois são os sujeitos educacionais, entendidos como sujeitos culturais, que irão conferir significado e sentido aos conhecimentos escolares, e isso se realiza em um processo de interação entre culturas que produz outro discurso, por vezes estranho para os mestres e mestras. Um discurso no qual professores e professoras podem não reconhecer os conteúdos veiculados em suas aulas, não identificar as fórmulas ensinadas, recortes realizados, padrões propostos aos estudantes.

A noção de circularidade entre culturas permite, portanto, explicar situações como as descritas neste texto e que falam de um cotidiano escolar por vezes intrigante ou pouco compreensível. Muitas novidades ou dificuldades que surpreendem os sujeitos educativos podem refletir as formas como se instituíram as múltiplas influências, interpenetrações e deslocamentos que condensam as interpolações entre lógicas e padrões culturais diversos. Ginzburg alertou para a impossibilidade de se pensar a autonomia de qualquer cultura, assim como negou a passividade dos grupos subalternos. Isso porque é inevitável o diálogo entre artefatos culturais, fragmentos de discursos e tempos diversos que se interpenetram, numa dinâmica que produz o híbrido e conecta diferentes espaços semânticos nas "margens deslizantes do deslocamento cultural", como propôs Bhabha (1998: 46).

Enfim, com assento na cultura escolar e diante de um poder cada vez mais difuso e de identidades fragmentadas, a noção de circularidade entre culturas retoma a análise das estratégias de dominação e de resistência, o discurso da hegemonia e contra-hegemonia e propõe um sujeito educativo que é, ao mesmo tempo, criativo, híbrido, reativo e construtor de significados. Um sujeito que, diante da dominação, inventa o riso, faz a comédia, apela para o grotesco e, às vezes, produz a tragédia.

Referências bibliográficas

BHABHA, H. K. *O local da cultura*. Belo Horizonte: Ed. UFMG, 1998.

BAKHTIN, M. *A cultura popular na Idade Média e no Renascimento:* o contexto de François Rabelais. 2. ed. São Paulo/Brasília: Edunb/ Hucitec, 1993.

BOURDIEU, P. Les rites comme actes d'institution. *Actes de la Recherche en Sciences Sociales*, Paris, n. 43, p. 58-63, jun, 1982.

CANDAU,V. M. *Reinventar a escola*. Petrópolis: Vozes, 2000.

CERTEAU, M. de. *A cultura no plural*. Campinas: Papirus, 1995.

CORALINA, C. *Poemas dos becos de Goiás e estórias mais*. São Paulo: Círculo do Livro, s/d.

CORAZZA, S. *O que quer um currículo? Pesquisas pós-críticas em educação*. Petrópolis: Vozes, 2001.

DUSCHATZKY, S.; SKLIAR, C. O nome dos outros. Narrando a alteridade na cultura e na educação. In: LARROSA, J.; SKLIAR, C. (Org.). *Habitantes de Babel:* políticas e poéticas da diferença. Belo Horizonte: Autêntica, 2001. p. 119-138.

EDWARDS, V. *Os sujeitos no universo da escola*. São Paulo: Ática, 1997.

GARCIA CANCLINI, N. *Culturas híbridas*: estrategias para entrar y salir de la modernidad. México: Grijaldo, 1989.

GEERTZ, C. *A interpretação das culturas*. Rio de Janeiro: LTC/ Livros Técnicos e Científicos, 1989.

GIMENO SACRISTÁN, J. Currículo e diversidade cultural. In: SILVA, T. T. e MOREIRA, A. F. (Org.). *Territórios contestados*. Petrópolis: Vozes, 1995. p. 82-113.

GINZBURG, C. *O queijo e os vermes:* o cotidiano e as ideias de um moleiro perseguido pela Inquisição. São Paulo: Companhia das Letras, 1987.

_____. *Mitos, emblemas, sinais:* morfologia e história. São Paulo: Companhia das Letras, 1989.

_____.*Olhos de madeira:* nove reflexões sobre a distância. São Paulo: Companhia das Letras, 2001.

GIROUX, H.; SIMON, R. Cultura popular e pedagogia crítica: a vida cotidiana como base para o conhecimento curricular. In: MOREIRA, A. F. e SILVA, T. T. (Org.). *Currículo, cultura e sociedade*. São Paulo: Cortez, 1994. p. 93-124.

HALL, S. A centralidade da cultura: notas sobre as revoluções de nosso tempo. *Educação e Realidade*, v. 22, n. 2, p. 15-46. jul./dez. 1997.

PESSOA, F. *Ficções do interlúdio*. São Paulo: Companhia das Letras, 2000.

ROSA, J. G. *Obras completas*. Rio de Janeiro: Aguillar. 1996, v. 2.

SILVA, T. T. *Liberdades reguladas:* a pedagogia construtivista e outras formas de governo do eu. Petrópolis: Vozes, 1998.

WOODWARD, K. Identidade e diferença: uma introdução teórica e conceitual. In: SILVA, T. T. da. (Org.). *Identidade e diferença:* a perspectiva dos estudos culturais. Petrópolis: Vozes, 2000. p. 7-72.

8. Sentidos e dilemas do multiculturalismo: desafios curriculares para o novo milênio

Ana Canen
*Professora adjunta da Faculdade de Educação
da Universidade Federal do Rio de Janeiro (UFRJ).*

Introdução

Temos assistido, com intensidade crescente, a debates em torno da necessidade de reconhecimento das múltiplas etnias, culturas, preferências sexuais, linguagens e outros determinantes presentes nas sociedades contemporâneas. Acontecimentos de ordem mundial têm evidenciado tensões entre movimentos de globalização e aqueles de afirmação de valores étnicos, religiosos e culturais marginalizados do poder. Conferências mundiais têm mostrado a dura face de políticas neoliberais que concentram poderes econômicos e culturais e provocam a exclusão cada vez maior de segmentos culturais plurais das populações do globo. Ao mesmo tempo, a radicalização de grupos étnicos e culturais marginalizados economicamente tem desembocado, não raro, em conflitos armados de proporções gigantescas. Os recentes atentados terroristas no Oriente Médio e nos Estados Unidos ilustram tais conflitos que, por sua vez, resultaram em ondas de anti-islamismo evidenciadas no mundo inteiro. No entanto, tais ondas também têm sido acompanhadas de fenômenos intensos de antiamericanismo e de antissemitismo, por parte daqueles que atribuem aos sofrimentos causados pela hegemonia ocidental os atentados e a violência que explodem nessas regiões. Tão intensas têm sido essas reações preconceituosas que alguns têm apontado para um clima de intolerância semelhante ao que antecedeu a eclosão da Segunda Guerra Mundial. A emergência da extrema-direita em países da Europa, com discursos xenófobos e plataformas ultranacionalistas, tem contribuído, ainda mais, para reforçar a necessidade de se discutir o papel da educação e do currículo na formação de futuras gerações nos valores de apreciação à diversidade cultural e desafio a preconceitos a ela relacionados.

Em meio a essas tensões, ganha força o multiculturalismo – movimento teórico e político que busca respostas para os desafios da pluralidade cultural nos campos do saber, incluindo não só a educação (Canen, 1999; 2000; 2001a; Canen e Grant, 2001; Moreira, 2001), como também outras áreas que podem contribuir para o sucesso organizacional (Canen e Canen, 1999). A questão do múltiplo, do plural, do diverso, bem como das discriminações e preconceitos a ela associados, passam a exigir respostas, no caso da educação, que preparem futuras gerações para lidar com sociedades cada vez mais plurais e desiguais. Cobra-se da educação e, mais

> A questão da imigração e do nacionalismo racista é cada vez mais a questão política dominante na Europa e é contra esse fundo degradado que se tenta preservar a nobre ideia da integração pelo futebol. Outra hipocrisia necessária. (Luis Fernando Veríssimo, O Globo, 28 maio 2002)

especificamente, do currículo, grande parte daquelas que são percebidas como medidas para a formação de cidadãos abertos ao mundo, flexíveis em seus valores, tolerantes e democráticos. Da mesma forma, é evidente o peso do cotidiano educacional que trabalha em suas práticas curriculares noções de ódio, de desumanização e de demonização do outro, como visto nas formas de educação nazista e, mais recentemente, nas práticas educativas de escolas controladas por grupos fundamentalistas e ligados ao terrorismo. Pensar em um cotidiano alternativo, que valorize a pluralidade cultural e contribua para a formação da cidadania multicultural passa a se impor. Entretanto, conforme indicado por autores como Pinto (1999), esta tendência ainda é pouco presente em cursos de formação docente, requisitando maiores pesquisas e investimentos na área.

Argumento que, se o multiculturalismo pretende contribuir para o debate sobre formas pelas quais nosso cotidiano educacional possa trabalhar por uma sociedade mais justa e democrática, deve buscar meios de fugir de radicalismos ou dogmatismos que congelam as identidades e perpetuam as discriminações. Para isso, algumas questões são centrais: como emergem as preocupações multiculturais no currículo? Que sentidos tem apresentado o multiculturalismo e que perigos podem representar interpretações dogmáticas, reducionistas do mesmo?

> O desafio maior para a educação antirracista e antidiscriminatória (...) é o de trabalhar no horizonte das identidades híbridas (...) de forma a não essencializar as diferenças (...) [mas, ao mesmo tempo, não promover] sua total diluição. (Canen, 2001b: 71)

Que categorias e sentidos do multiculturalismo poderiam superar tais visões? Como traduzi-los no currículo em ação? Que desafios são apresentados para a educação multicultural, daqui por diante? É sobre essas questões que pretendo tecer reflexões, tão somente pontos de partida para debates futuros sobre esta complexa e instigante questão que nos compele, como educadores, neste início de milênio.

Emergência de preocupações multiculturais no currículo

A noção de currículo como artefato meramente técnico, neutro, foi desafiada particularmente pela teorização crítica, que evidenciou as relações de poder à base das "escolhas" curriculares e da seleção de conhecimentos escolares. Apontou para a presença de vozes ligadas a camadas dominantes da sociedade e para o silenciar daquelas economicamente marginalizadas. Buscou pesquisar formas pelas quais a escola reproduzia a desigualdade social, mas também espaços de resistência e de busca de transformação.

A visão de um mundo dividido em classes dominantes e dominadas, opressores e oprimidos, direita e esquerda passa a ser desafiada em função de acontecimentos mundiais e de transformações das ideias. A Segunda Guerra Mundial mostra a face da barbárie e do ódio racial

> O mundo moderno está ameaçando a herança cultural da mesma maneira que ameaça o meio ambiente. A diversidade cultural não é menos necessária que a biodiversidade. (Harmon et al. 2002, comunicado da ONG americana Rerralinguia, lançado na Cúpula Mundial sobre Desenvolvimento Sustentável, Johannesburgo, África do Sul)

e étnico. O aniquilamento de grupos étnicos e culturais levanta novas categorias no estudo da opressão, que vão além das dicotomias que giram em torno de ricos e pobres, opressores e oprimidos. No plano das ideias, a pseudoneutralidade da ciência passa a ser desafiada: o racismo científico, utilizado para justificar a "superioridade racial" em tempos de Segunda Guerra, exibe claramente suas distorções preconceituosas, levantando suspeitas quanto à imparcialidade científica. A ciência seria também uma forma de discurso, uma construção de argumentos que poderia estar legitimando desigualdades e atrocidades contra aqueles percebidos como "diferentes", seja devido a gênero, raça, religião, cultura, ou a qualquer outro determinante de identidade.

O multiculturalismo surge em meio a essas críticas a uma verdade única, a uma pretensa neutralidade da ciência. Busca respostas plurais para incorporar a diversidade cultural e o desafio a preconceitos, nos diversos campos da vida social, incluindo a educação. Procura pensar caminhos que possam construir uma ciência mais aberta a vozes de grupos culturais e étnicos plurais. No campo do currículo, desconfia de discursos que se apresentam como meramente técnicos, buscando perceber neles vozes autorizadas e vozes silenciadas nos mesmos. Verifica em que medida esses discursos constroem imagens estereotipadas do negro, da mulher, do deficiente físico, daqueles grupos portadores de culturas, religiões e linguagens diferentes das dominantes.

No Brasil, com a abertura democrática durante a década de 1980 e o fortalecimento de movimentos sociais e ONGs, sensibilidades com relação a outros fatores além de classes sociais passam a exercer influência no pensamento curricular. Movimento negro, feminista, indígena e outros trazem à tona desigualdades educacionais que atingem identidades de gênero, étnicas, raciais e culturais diversas. Ainda que o determinante de classes sociais permaneça na análise curricular, a necessidade de se compreender o currículo como uma seleção cultural impregnada por uma visão de mundo branca, masculina, heterossexual e eurocêntrica passa a ser central em estudos curriculares, que buscam pensar em currículos alternativos, multiculturais.

Conforme Canen et al. (2001) e Moreira (2001), essas preocupações vão sendo lentamente incorporadas na produção do conhecimento em educação, conforme se verifica em teses, dissertações e artigos apresentados em conferências e publicados em revistas da área nos últimos anos. Nas políticas educacionais, essas tendências manifestam-se em esforços como a inclusão de Pluralidade Cultural como um tema transversal, presente nos Parâmetros Curriculares Nacionais (PCN) (Canen, 2000).

A análise do documento 'Pluralidade Cultural', no contexto dos PCNs (Brasil, 1997), levou a constatar as contradições discursivas pelas quais o tema é tratado, detectando-se desde propostas em uma linha intercultural crítica de desafio a estereótipos e preconceitos, até afirmações que reduzem a discriminação a uma manifestação psicológica de medo, a diversidade cultural a um conjunto de identidades 'homogêneas', a identidade nacional ao reflexo de uma 'brasilidade' idealizada e não problematizada, e a educação multicultural a um mero conhecimento de manifestações culturais e ritos diversificados. (Canen, 2000: 147)

Entretanto, a análise desses discursos curriculares indica a presença de contradições e formas diversas de compreensão e de apropriação do multiculturalismo, o que requer uma análise dos sentidos e dilemas que cercam o conceito – a ser discutido a seguir.

Sentidos e dilemas do multiculturalismo

O discurso do multiculturalismo tem invadido nossos lares, nem sempre sob esta terminologia. Entendendo multiculturalismo como um conjunto de respostas à pluralidade cultural e ao desafio a injustiças e desigualdades a ela relacionadas, percebe-se que a mídia tem dedicado espaço a discussões neste sentido, particularmente nos últimos anos. Por exemplo, assistimos a fenômenos tais como a cerimônia americana de entrega do Oscar de cinema a um ator e a uma atriz negros, com grande ênfase no determinante de raça na ocasião, como se fosse uma admissão de culpa por discriminações e um "acerto de contas" com relação a injustiças passadas. No Brasil, temos presenciado discursos presidenciais e decisões pré-eleitorais referentes à reserva de cotas para negros, mulheres, homossexuais e outras medidas no gênero, em universidades e instituições públicas. Embora os discursos presentes nessas ocasiões sejam marcados de ambiguidades, o ponto a ser ressaltado, no

> Países há, como o Brasil, onde o racismo é difuso e não explicitado; ora se manifesta, ora não; ora se manifesta de uma forma, ora de outra; quase sempre obedece a um código moral que, decalcado em subterfúgios, procura negar a existência do próprio racismo, embora haja também setores sociais preocupados em desnudar o avesso desse código que insiste em esconder a desigualdade debaixo da diversidade. (Pereira, 2001: 21)

presente momento, é o da visibilidade crescente de identidades de gênero, raça, etnia, religião e outras no contexto das discussões neste início de milênio. Essa visibilidade se dá, portanto, de duas formas: a) em termos de recrudescimento de preconceitos, de "guinadas" para posições ultradireitistas e guerras étnicas; b) por via de propostas que levem em conta a necessidade da construção de sociedades mais plurais e democráticas, "corrigindo injustiças" contra identidades específicas e buscando repensar a educação e outros campos da vida social de forma multicultural.

No entanto, os sentidos diversos do multiculturalismo precisam ser analisados, de forma que práticas curriculares que se pretendam multiculturais não acabem por perpetuar a construção das diferenças e dos preconceitos que tanto desejam combater. Assim, aponto alguns sentidos e perigos do multiculturalismo em educação, no contexto das pesquisas que tenho realizado e dos desafios que se apresentam neste novo milênio. Vale assinalar que tais fatores estão intimamente ligados, embora, por "licença didática", estejam apresentados separadamente:

■ **Multiculturalismo "reparador":** Esta é uma perspectiva de multiculturalismo que o reduz a ações afirmativas, de garantia de acesso das identidades plurais, marginalizadas, a espaços educacionais e sociais, de forma a garantir supostas correções e reparações a injustiças passadas. É o caso da reserva de cotas para minorias, em instituições públicas, recentemente anunciadas pelo governo. Argumento que, embora relevantes, tais medidas não representam, por si só, a dimensão multicultural educacional. A redução do multiculturalismo a esse nível, sem buscar transformações curriculares que incorporem os universos culturais dos sujeitos em suas dinâmicas e combatam preconceitos, pode resultar em maiores discriminações. Neste caso, a garantia de acesso não representa garantia de permanência: conflitos culturais podem vir a ser responsáveis pela expulsão dessas identidades do universo ao qual foram admitidas. Mais do que medida compensatória ou "reparadora", o multiculturalismo deve ser compreendido como um movimento de caráter contínuo, processual. Deveria imbuir o currículo desde a educação infantil, acompanhando medidas de garantia de equidade de acesso e de uma educação de qualidade a todos.

A compreensão de que a implementação de políticas de ação afirmativa para os negros pode servir aos interesses de uma lógica societária excludente, limitando-se a aliviar tensões sociais e a propor medidas compensatórias, não deve nos fazer perder de vista o espaço da contradição (...), nem nos conduzir à visão maniqueísta de tomar o capital como 'demoníaco' ou a negar, peremptoriamente, medidas de governantes que aderiram ao ideário neoliberal. (Valente, 2001: 55)

■ **Folclorismo:** Trata-se da redução do multiculturalismo a uma perspectiva de valorização de costumes, festas, receitas e outros aspectos folclóricos e "exóticos" de grupos culturais diversos. Perspectivas curriculares que reduzem o multiculturalismo a momentos de "feiras de culturas", celebração do Dia do Índio, Semana da Consciência Negra e outras formas mais pontuais podem correr esse risco. Conforme discutido em outro trabalho, discursos de políticas curriculares nacionais, como do Tema Transversal da Pluralidade Cultural (Canen, 2000; Canen e Grant, 2001) recaem, por vezes, nesse tipo de discurso folclórico, preconizando a "alegria de ser brasileiro", em termos de mistura pacífica de raças e credos, ocultando discriminações e relações desiguais entre sujeitos e universos culturais diversos. Conforme temos salientado, o multiculturalismo em sentido mais crítico, também denominado perspectiva intercultural crítica (Canen, 1999; 2000; 2001a), busca superar essa visão. Esforça-se em integrar ocasiões folclóricas a discussões mais amplas sobre a construção histórica das diferenças, dos preconceitos e formas de superá-los. Visa promover a análise de relações desiguais de poder que implicam a valorização de certas culturas, economicamente dominantes, em detrimento de outras, marginalizadas. Busca superar tais relações, promovendo atividades curriculares voltadas ao desafio a estereótipos.

(...) O racismo no Brasil tem sido extraordinariamente bem-sucedido em se esconder, negar sua existência e desta forma sobreviver por tanto tempo (...) Sendo vício, apresentou-se durante anos como a virtude da democracia racial. Sendo separação, vende-se como união nacional e usa exemplos como os do futebol e do carnaval. Sendo conflito, apresenta-se como conciliação. Sendo explícito, com direito até a elevadores separados (...), apresenta-se como inexistente. (Reportagem de Miriam Leitão, *O Globo*, sobre livro *A busca de um caminho para o Brasil – a trilha do círculo*, de Hélio Santos, Editora SENAC, 2002)

■ **Reducionismo identitário:** Este é um perigo que correm até mesmo as práticas curriculares multiculturais críticas (que tensionam ir além do folclorismo e trabalhar em prol do desafio a preconceitos). Trata-se de uma perspectiva que reconhece a diversidade cultural e a necessidade de combate à construção das diferenças e dos preconceitos, mas não percebe o que Sousa Santos (2001) denominou de "as diferenças dentro das diferenças". É o caso, por exemplo, ocorrido recentemente em determinadas práticas curriculares de ensino de História, por ocasião de discussões a partir dos atentados de 11 de setembro e da escalada de violência no Oriente Médio. Neste caso, foi muito comum a redução da identidade judaica a um conceito único, homogeneizado. Tal homogeneização desconhecia a diversidade dentro da categoria judaica, resultando, ainda que não intencionalmente, em ódios e fomento a atitudes antissemitas que se espalharam em vários cantos do globo, a partir de uma ideia única e homogênea de "judeu" (confundido, inclusive, com a de israelense). Da mesma forma, falar sobre o "negro", a "mulher" e outras categorias de identidades sistematicamente silenciadas ou alvos de preconceitos em práticas curriculares, como se fossem algo universal, único, traz o perigo de congelamento dessas identidades, pois: a) não se reconhece a pluralidade no interior desse "marcador de identidade", seja ele de gênero, de raça etc. (Grant, 2000); b) não se admite que a identidade seja formada de inúmeros marcadores identitários, que se manifestam de forma plural e diferenciada na construção das subjetividades. É o caso que ocorre, também, por exemplo, quando a categoria "branco" é entendida como aquela que se opõe a negro, ou quando se opõe a categoria masculina à feminina. Autores como Silva (2000) referem-se à importância de compreensão das identidades como construções híbridas, sempre provisórias, atentando para o impacto dos discursos (incluindo os curriculares) nesses processos. Sustento que tal visão é crucial para que se evite cair no risco de perspectivas curriculares multiculturais estereotipadas, que podem levar à exacerbação das diferenças (Glazer, 1997), ainda que bem-intencionadas.

> O meu ponto de vista é o dos "condenados da Terra", o dos excluídos. Não aceito, porém, em nome de nada, ações terroristas, pois que delas resultam a morte de inocentes e a insegurança de seres humanos. O terrorismo nega o que venho chamando de ética universal do ser humano. (Freire, 1997: 16)

■ **Guetização cultural:** Intimamente ligada à homogeneização cultural, a guetização das identidades pode representar um outro perigo do multiculturalismo. Provém da palavra *gueto*, utilizada para indicar bairros ou regiões para os quais judeus eram levados, de forma a ficarem confinados e isolados do restante da população (a palavra foi bastante empregada durante a Segunda Guerra Mundial). A guetização curricular implica uma perspectiva em que grupos ou identidades étnico-culturais optam (ou são levadas a optar) por propostas curriculares que se voltam exclusivamente ao estudo de seus padrões culturais específicos. Embora seja defendida por certos multiculturalistas, sugiro que esta guetização impede o diálogo entre padrões culturais plurais. Se considerarmos que o multiculturalismo é para todos (Grant, 2000), de forma a construirmos sociedades abertas ao plural e ao

> A presente dissertação é o resultado de uma pesquisa-ação, realizada junto a um grupo de jovens moradores de uma comunidade popular do Rio de Janeiro, com os quais foram promovidas atividades referentes ao estudo da linguagem – denominadas de Oficina da Palavra – sob o enfoque do multiculturalismo crítico (...), que preconiza a valorização da diversidade cultural e o desafio a preconceitos e estereótipos (...) Buscou-se promover, com essa Oficina, trabalhos linguísticos alternativos que, entre outros objetivos, problematizassem as diferenças (em suas múltiplas esferas) e que enfatizassem o papel formador e transformador da linguagem (...) Argumentou-se pela relevância e viabilidade de se articularem conhecimentos linguísticos de alunos culturalmente marginalizados aos domínios da língua culta oficial, ministrada nas escolas. (Faria, 2001)

diverso, devemos pensar em estratégias curriculares que permitam articulações, intercâmbios interculturais. A sensibilidade a padrões culturais que não aqueles presentes exclusivamente no próprio grupo pode permitir um distanciamento crítico com relação a eles. Se admitimos que as identidades não são congeladas, as culturas também não o são, podendo se beneficiar de movimentos de trocas e hibridizações. Esta perspectiva, no entanto, é problemática quando se refere a grupos culturais que desejam ter o direito a suas próprias escolas, com currículos diferenciados, voltados a suas próprias culturas. Longe de oferecer receitas, uma perspectiva multicultural crítica assentada em uma visão de identidades híbridas e na necessidade de intercâmbios culturais, como a que defendemos, apostaria na importância de estudar o cotidiano de tais escolas, antes de emitir qualquer julgamento em termos de guetização cultural. Isto porque, se levarmos em conta que as culturas de identidades marginalizadas parecem ser caladas em grande parte das nossas escolas, poderíamos dizer que também elas podem estar efetuando uma guetização cultural. Sugiro que, dependendo da forma pela qual o currículo se configura nas práticas e nos discursos do cotidiano escolar, ambos os espaços – da escola oficial e das escolas diferenciadas – apresentam potenciais para o trabalho intercultural crítico. A base de tal trabalho é o diálogo (Oliveira, Canen e Franco, 2000;

Santomé, 2001), jamais o monólogo que aprisiona os sujeitos exclusivamente em seus modos de ver o mundo.

Caminhos e desafios do multiculturalismo: como pensar em currículos multiculturalmente orientados?

Vivemos em sociedades multiculturais, desiguais. A construção de propostas e práticas curriculares que pretendam incorporar essa realidade pode se beneficiar das contribuições do multiculturalismo. Entretanto, os sentidos e perigos anteriormente apontados com relação ao projeto curricular multicultural implicam a necessidade de estarmos atentos ao que se entende por multiculturalismo e o que se pretende com uma educação multicultural. O que defendo, no decorrer deste trabalho, é que o multiculturalismo representa uma perspectiva que busca desafiar a construção das diferenças e dos preconceitos, por intermédio de currículos que promovam a sensibilidade à pluralidade cultural e a desconstrução de discursos que silenciam ou estereotipam o outro. Os perigos e reducionismos do multiculturalismo anteriormente apontados estão coloridos por essa percepção de multiculturalismo. Não é a única, mas certamente é aquela que busca evitar riscos de que o multiculturalismo perpetue dogmatismos que justamente pretende

> Uma interessante sugestão de estratégia para desafiar preconceitos (...) envolve quatro momentos: em um primeiro, uma situação problemática envolvendo discriminação (...) dentro das escolas é apresentada aos licenciandos. Os três momentos seguintes irão respectivamente: estimular o questionamento das posições [dos participantes] com relação à situação apresentada; desafiar suas 'teorias operacionais', quando imbuídas de preconceitos e estereótipos; inserir a análise empreendida até então em um contexto social mais amplo (nesta fase, pesquisas na área podem ser apresentadas) e o estímulo à visualização de ações alternativas, que minimizem os preconceitos apontados na situação estudada. Fontes de situações problemáticas podem ser obtidas em leituras, em experiências do professor ou dos licenciandos, ou até mesmo durante os estágios de observação, participação e regência de Prática de Ensino. (Canen, 2001a: 66-67)

desafiar. É aquela que rejeita qualquer perspectiva que reforça a "demonização" do outro, percebido como "diferente", seja este outro "branco", "negro", "judeu", "muçulmano", "norte-americano", "homem", "mulher", "homossexual", "deficiente" e assim por diante.

Nessa perspectiva, alguns caminhos possíveis se apresentam para a construção de práticas curriculares multiculturais. Em primeiro lugar, *dinâmicas de sensibilização de identidades* podem ser um importante componente a ser trabalhado nesta perspectiva. A compreensão da identidade como construção, sempre provisória, e não como essência acabada, é um importante ponto de partida para a sensibilização ao caráter multicultural das sociedades. Trabalhos interessantes nessa linha foram desenvolvidos, como, por exemplo, a proposta de construção de uma "pizza" no papel, pelos alunos. As "fatias" representavam as influências sobre a formação de suas identidades: família, raça, história de vida, gênero etc. A atividade era seguida de discussões que buscavam a sensibilização para a construção das identidades, nos espaços sociais, desafiando qualquer pretensão a uma "superioridade" inata de qualquer uma delas sobre as outras. Também promovia a compreensão da hibridização, entendida como o resultado, sempre provisório, de arranjos dos diversos marcadores de gênero, raça, religião etc., na construção da identidade.

Em segundo lugar, uma perspec-

A história da humanidade confirma a inconsistência da noção de raça pura. Misturas biológicas são a constante. Do ponto de vista da genética, não existe raça branca ou negra. Não existe raça ariana ou latina. Também não existe raça brasileira. Os povos nunca cessaram de se misturar uns aos outros. (D'Adesky, 2001: 45)

tiva de *ancoragem social de conteúdos* (Grant e Wieczorek, 2000) também é uma estratégia interessante para se trabalhar o multiculturalismo no currículo em ação. Esta estratégia é definida como a associação de discursos de diferentes campos, para efeitos antirracistas e antidiscriminatórios. Uma professora de Ciências acompanhada em nossas pesquisas empregava esta estratégia, quando, por exemplo, trabalhava com o assunto "pele". Além de discorrer sobre os componentes da pele, trazia textos que desafiavam a noção de raça e promovia discussões sobre racismo e formas de combatê-lo. Trabalhos sobre ensino multicultural de Matemática, tais como o de Pereira (2001), também ilustram tal perspectiva. Discussões sobre tópicos de matemática do ensino médio, tais como análise combinatória e probabilidades, eram articulados, "ancorados" em discursos que questionavam a discriminação contra a mulher no mercado de trabalho, a probabilidade de tal presença a partir de dados estatísticos e assim por diante. Esses dados motivavam discussões sobre o preconceito, suas raízes e manifestações, bem como levavam os alunos a se interessarem pelas vozes silenciadas no currículo, verificando suas contribuições na construção do conhecimento.

Finalmente, um terceiro componente central em currículos multiculturalmente orientados é a *avaliação diagnóstica, multicultural* (Canen, 2001a). O

> Com o intuito de sensibilizar os alunos para a questão da homossexualidade (...), propusemos, de início, a leitura do texto 'Punhos da Justiça', que trata do julgamento de um réu, por homicídio, contra um homossexual. Após a leitura do mesmo, pedimos aos alunos que se reunissem (...) e discutissem questões (...) que buscavam elevar o nível de conscientização acerca do fato de que o preconceito contra grupos homossexuais é uma questão social e cultural, na qual eles, alunos, na condição de cidadãos, se encontram envolvidos (...). Informamos aos alunos como era composto o júri popular e exploramos os conteúdos [matemáticos] – razão, porcentagem e probabilidade (...), trazendo à tona as questões de gênero e etnia como categorias articuladas às representações sociais, a respeito da homossexualidade. (Pereira, 2001: 91)

Alunos da USP buscam preconceitos em obras: (...) Numa coleção de livros de estudos sociais analisada por duas alunas (...), a ilustração de caráter sexista chamou a atenção: no desenho, a mãe diz ao filho que 'homem não chora' e avisa que, se ele apanhar na rua e voltar para casa chorando, vai bater nele novamente. Em outra obra de estudos sociais (...) enquanto um menino comanda a ação, as meninas apenas observam. Além disso, os quatro personagens do desenho são brancos, contrariando a divisão racial da sociedade brasileira. (Reportagem de Letícia Helena, *O Globo*, 21 abril 2002)

trabalho de avaliação diagnóstica implica um acompanhamento contínuo das atividades desenvolvidas no currículo em ação. O objetivo é o conhecimento dos universos culturais dos alunos, bem como em que medida o diálogo entre estes e os padrões culturais abraçados pelo professor está sendo bem-sucedido. Trabalhos em grupo, testes, provas, diários reflexivos (em que os alunos relatam, por exemplo, suas experiências, bem como o impacto das aulas sobre as mesmas), fichas de observação e outros instrumentos ajudam nesta trajetória. O ajuste de rotas que a avaliação diagnóstica multicultural permite pode desafiar noções de multiculturalismo que, muitas vezes, tratam da diversidade cultural de forma abstrata, como se esta estivesse presente apenas na sociedade mais ampla. A avaliação concebida de forma multicultural volta-se justamente ao reconhecimento da diversidade cultural e da construção das diferenças também no interior da sala de aula concreta em que o professor atua. Busca conhecer e levar em conta esta diversidade, e não somente classificar alunos em "bons" ou "ruins", "aprovados" ou "reprovados" (Canen, 2001a).

Longe de representarem receitas ou de esgotarem possibilidades de trabalho curricular multicultural, as reflexões acima pretendem ser pontos de partida para discussões que avancem em alternativas para se pensar o currículo no contexto de sociedades cada vez mais multiculturais e desiguais.

Conclusões

Como campo de ideias voltado à valorização da diversidade cultural e ao desafio a preconceitos, o multiculturalismo tem estado "na moda". No entanto, os perigos que cercam sentidos deturpados de sua proposta foram apontados. Representam possíveis pontos de partida para debates curriculares que busquem superar dogmatismos e radicalismos fechados ao diálogo.

Trabalhar no sentido de promover uma visão das identidades como frutos de construções, sempre provisórias e híbridas, pode ser um importante ponto em propostas curriculares multiculturais. Ao mesmo tempo, a ancoragem de discursos disciplinares em perspectivas de desafio a racismos e outros preconceitos representa também uma forma de se tentar "conciliar" diretrizes curriculares impostas e a perspectiva multicultural crítica. A avaliação diagnóstica multicultural acompanha o processo, conferindo ao professor informações que lhe permitam conhecer os universos culturais dos alunos e realizar ajustes de rota para um ensino multicultural, eficaz. Nossas pesquisas indicam que o projeto multicultural é possível, tendo sido realizado por professores e professoras que narraram suas experiências, nos diversos campos do saber.

O multiculturalismo requer que sejamos críticos com relação a nossos discursos. Que não ignoremos as diferenças dentro das diferenças. Que não congelemos identidades. Que trabalhemos com o plural, o diverso, em nossas dinâmicas de sala de aula e em nossas "traduções" de diretrizes curriculares para o currículo em ação.

Evidentemente, pensar em currículos multiculturais certamente esbarrará com os perigos apontados anteriormente. Como promover um currículo que valorize a diversidade cultural e, ao mesmo tempo, respeite diretrizes determinadas por políticas curriculares homogeneizadoras e centralizadoras? Como trabalhar com a construção das identidades culturais sem, no entanto, homogeneizá-las? De que forma preservar padrões étnicos e culturais singulares sem, no entanto, "guetizá-los" em currículos diferenciados, ou diluí-los em currículos centralizados? As respostas a tais perguntas não são únicas e nem estão prontas de antemão. Caberá a cada pesquisador, cada docente, empenhar-se em construir seus discursos, suas narrativas, seu cotidiano, de forma a buscar seus próprios caminhos em educação multicultural. Conforme nos alertam teóricos do pós-modernismo e do pós-estruturalismo, não possuímos mais as certezas confortáveis de narrativas-mestras, que nos apontavam o caminho para a "verdade das coisas". Currículos multiculturais se constroem nos embates entre intenções e realidades, impregnados por um horizonte que recusa o congelamento das identidades e o preconceito contra aqueles percebidos como "diferentes". Buscam caminhos possíveis que possam articular a educação a um projeto de sociedade plural, democrática, em contraposição à barbárie, à intolerância e ao ódio ao outro, que se têm manifestado neste início de milênio, infelizmente em dimensões planetárias.

> (...) Pode-se resistir a estas ideologias neoliberais a partir da própria escola, ao estreitar sua colaboração com todos os coletivos sociais que tentam frear o avanço do 'pensamento único'. (Santomé, 2001: 77)

Referências bibliográficas

CANEN, A. The challenges of conducting an ethnographic case study of a United Kingdom teacher education institution. *Journal of Teacher Education*, v. 50, n. 1, p. 50-57, 1999.

_____. Educação multicultural, identidade nacional e pluralidade cultural: tensões e implicações curriculares. *Cadernos de Pesquisa*, n. 111, p. 135-149, 2000.

_____. *Avaliação da aprendizagem em sociedades multiculturais*. Papel Virtual Editora. disponível em: <www.papelvirtual.com.br>. 2001a.

_____. Relações raciais e currículo: reflexões a partir do multiculturalismo. In: OLIVEIRA, I. de (Org.). *Cadernos PENESB*, v. 3, p. 63-77, 2001b.

_____; CANEN, A. G. Logistics and cultural diversity: hand in hand for organisational success. *Cross-Cultural Management*, v. 6, n. 1, p. 3-10, 1999.

_____; GRANT, N. Conhecimento e multiculturalismo em políticas educacionais no Mercosul: limites e possibilidades. In: CANEN, A.; MOREIRA, A. F. B. (Org.). *Ênfases e omissões no currículo*. São Paulo: Papirus, 2001. p. 163-193.

_____; ARBACHE, A. P.; FRANCO, M. Pesquisando multiculturalismo e educação: o que dizem as dissertações e teses. *Educação e Realidade*, v. 26, n. 1, p. 161-181, 2001.

D'ADESKY, J. *Pluralismo étnico e multiculturalismo:* racismos e antirracismos no Brasil. Rio de Janeiro: Pallas, 2001.

FARIA, I. M. P. Souza Dantas. *Oficina da palavra:* educação e linguagem sob uma perspectiva intercultural crítica. 2001, Dissertação (Mestrado) Faculdade de Educação, Universidade Federal do Rio de Janeiro, Rio de Janeiro.

FREIRE, P. *Pedagogia da autonomia*. Rio de Janeiro: Paz e Terra, 1997.

GLAZER, N. *We are all multiculturalists now*. London: Harvard University Press, 1997.

GRANT, C. A.; WIECZOREK, K. Teacher education and knowledge in the "knowledge society": the need for social moorings in our multicultural schools. *Teachers College Record*, v. 102, n. 5, p. 913-915, 2000.

GRANT, N. *Multicultural education in Scotland*. Edinburgh: Dunedin Academic Press, 2000.

HARMON, D.; MAFFI, L.; SKUTNABB-KANGAS, T. *Dividindo um mundo de diferenças:* a diversidade linguística, cultural e biológica da Terra. Comunicado da ONG americana Rerralinguia, lançado na Cúpula Mundial sobre Desenvolvimento Sustentável, Johannesburgo, África do Sul. Citado em *O Globo*, 1º set. 2002, p. 44.

MOREIRA, A. F. B. A recente produção científica sobre currículo e multiculturalismo no Brasil (1995-2000): avanços, desafios e tensões. *Revista Brasileira de Educação*, n. 18, p. 65-81, 2001.

OLIVEIRA, R. J.; CANEN, A.; FRANCO, M. Ética, multiculturalismo e educação: articulação possível? *Revista Brasileira de Educação*, n. 13, p. 113-126, 2000.

PEREIRA, J. B. B. Diversidade, racismo e educação. In: OLIVEIRA, Iolanda de (Org.). *Cadernos PENESB*, v. 3, p. 13-30, 2001.

PEREIRA, M. I. L. *Reflexões multiculturais no processo de ensino-aprendizagem da matemática:* intenções políticas e uma ação na sala de aula. 2001. Dissertação (Mestrado), Programa de Pós-Graduação em Educação Escolar, Faculdade de Educação, Universidade Federal do Rio de Janeiro, Rio de Janeiro.

PINTO, R. P. Diferenças étnico-raciais e formação do professor. *Cadernos de Pesquisa*, n. 108, p. 199-232, 1999.

SANTOMÉ, J. T. A instituição escolar em tempos de intolerância. *Teias*, ano 2, n. 3, p. 77-95, 2001.

SILVA, T. T. A produção social da identidade e da diferença. In: SILVA, T. T. da (Org.). *Identidade e diferença:* a perspectiva dos Estudos Culturais. Petrópolis: Vozes, p. 73-10, 2000.

SOUSA SANTOS, B. de. Dilemas do nosso tempo: globalização, multiculturalismo e conhecimento. Entrevista concedida a L. A. Gandin e A. M. Hypolito. *Educação e Realidade*, v. 26, n. 1, p. 13-32, 2001.

VALENTE, Ana Lucia. Oportunidades educacionais oferecidas, reivindicações esvaziadas? In: OLIVEIRA, Iolanda de (Org.). *Cadernos PENESB*, n. 3, p. 45-61, 2001.

9. A educação que se pergunta pelos outros: e se o outro não estivesse aqui?[1]

Carlos Skliar
Professor adjunto da Universidade Federal do Rio Grande do Sul (UFRGS).

I

Há uma história, uma herança, um *monumento testamentário* (Lárez, 2001) naquilo que chamamos de educação. Nessa história, a pergunta pela educação volta para nós mesmos, obrigando-nos a ver bem. Ver bem nossa pergunta, pois toda pergunta pode ser também um abandono, um nevoeiro ou um cruel convite à sinceridade.

Então: o que perguntamos quando perguntamos sobre a educação? Ou melhor ainda: por que perguntamos sobre a educação?

Uma das primeiras respostas que nossa história nos sugere é que, na realidade, não estamos perguntando por ela, mas pela instabilidade e pela insistência de suas mudanças e de suas transformações, quer dizer, nos perguntamos para adiar, segurar e capturar aquilo que pensamos que é a educação.

---

[1] Traduzido do original em castelhano por Alice Casimiro Lopes e Elizabeth Macedo.

Ao fazê-lo assim, nos invade uma ilusão de mudança de alguma coisa sobre a qual não nos interrogamos. Preferimos mudar a educação – e mudá-la sempre – antes de nos perguntarmos pela pergunta; preferimos nos ocupar mais com o ideal, como normal, do que com o grotesco, como humano. Preferimos fazer metástases educativas a cada momento.

Sujeitamo-nos a transformar a transformação esquecendo – ou melhor, negando – todo ponto de partida. E o turbilhão de uma mudança que faça da educação algo parecido com um paraíso tão improvável quanto impossível.

Da mudança sem origem: disso é que se trata. Em questões de mudança, como diz Baudrillard (2002: 83), tudo é possível: *O que é preciso é uma metamorfose e um devir.*

Tudo é possível com a mudança na educação: a insistência em uma única espacialidade e em uma única temporalidade, mas com outros nomes; a reconversão dos lugares em não lugares para os outros; a infinita transposição do outro em temporalidades e espacialidades egocêntricas; a aparente magia de uma palavra que se instala pela enésima vez ainda que não nos diga nada; a pedagogia das supostas diferenças em meio a um terrorismo indiferente; e a produção de uma diversidade que apenas se nota, apenas se entende, apenas se sente.

Sobre uma mudança sem origem, repetir a mudança, mudar a cada momento.

> (...) as ciências da mudança social tornam possível a existência de melhores métodos para regulamentar e disciplinar o indivíduo.
> (Popkewitz, 1997: 27)

Na espacialidade e na temporalidade da modernidade tardia, da modernidade com risco (Beriain, 1996), instalaram-se comodamente as ideias das transformações, da imagem vertiginosa do mundo, daquilo que somente nomeado deixa automaticamente de ser o que se acreditava que era, dos múltiplos impactos nos corpos e nas identidades, das novas configurações do sujeito derivadas das profundas e dramáticas transformações na família, no trabalho, na religião, na sexualidade, na ciência e no conhecimento, nas gerações ou idades do corpo, na democracia, na utilização da tecnologia etc.

Afirmamos que estamos frente a frente com um novo sujeito. Mas é preciso dizer: com um novo sujeito da mesmidade. Porque se multiplicam suas identidades a partir de unidades já conhecidas; se repetem exageradamente os nomes sobre nomes já pronunciados; são autorizados, respeitados, aceitos e tolerados apenas uns poucos fragmentos da alma.

O antigo e o novo. O antigo localizado há séculos-luz do novo. O antigo des-desenhado, desperdiçado, desfeito. O novo indecifrável. O novo que parece erigir-se como único, como indispensável, como somente novo.

Como num incessante mecanismo de produção de novidades, assistimos ao espetáculo das mudanças: a necessidade de mudanças, sua imperiosidade, seu fausto, sua perversidade, sua monotonia, sua inconsciência.

O objeto não é mais o que era (Baudrillard, 2002: 28) e, também, é o *objeto que nos pensa* (p. 93).

Isso significa, inclusive, que as mudanças já não são o que eram e que é a mudança que nos pensa.

Pensamos agora a mudança educativa como uma reforma do mesmo, como uma reforma para nós mesmos.

A mudança educativa nos olha agora com esse rosto que vai se descaracterizando de tanta maquiagem sobre maquiagem.

Porque a mudança nos olha e, ao nos olhar, encontra somente metástases de leis, de textos, de currículos, de didáticas e de dinâmicas.

Mas nenhuma palavra sobre as representações como olhares.

Nenhuma palavra sobre a metamorfose das identidades.

Nenhuma palavra sobre a vibração com o outro.

A mudança tem sido, então, a burocratização do outro, sua inclusão curricular, seu dia no calendário, seu folclore, seu exotismo, sua pura biodiversidade.

Se em algum momento da nossa pergunta sobre educação nos esquecemos do outro, agora detestamos sua lembrança, maldizemos a hora de sua existência, corremos desesperados a aumentar o número de alunos nas aulas, mudamos as capas dos livros que já publicamos há muito tempo, reuniformizamos o outro sob a sombra de novas terminologias sem sujeitos.

A estrutura da compreensão configuraria assim o outro como um elemento no jogo do mesmo, um jogo no qual sua identidade estática ficaria provisoriamente afetada por uma certa negatividade mais ou menos trucada, de modo que o outro ficaria determinado como o lugar de uma certa resistência em que o intérprete se afetaria a si mesmo, se alteraria em direção a si mesmo. Esquematicamente: Mesmo (Outro) = Mesmo.
(Larrosa, 2002: 68)

Voltamos a crer que esse tempo e esse espaço são os únicos tempo e espaço disponíveis. Voltamos a crer que o outro é um outro maléfico e que nossa invenção não estava tão errada. Voltamos a ignorar aquela ética do rosto da qual nos fala Lévinas (1993): temos uma responsabilidade com o outro, com sua expressão, com sua irredutibilidade, com seu mistério. Voltamos, por último, a nos refugiar em nossa insossa hospitalidade (hostil).

II

O outro maléfico. O outro como invenção maléfica. Os outros sempre como produtos do vínculo entre nós e eles. As narrativas (talvez impossíveis e/ou irreconciliáveis) da(s) relação(ões) empática(s) com o outro. A irrupção do outro, sua volta, a negação de um retorno agradável e confortável de nós mesmos com a mesmidade. A instauração da relação com o mesmo. O outro irredutível. E seu rosto? E sua expressividade? São reféns de nosso rosto e de nossa expressividade?

O outro colonial é um corpo sem corpo. Uma voz que fala sem voz. Que diz sem dizer. Que foi massacrado e que segue sendo culpabilizado por seu próprio massacre. Uma representação que gira em torno de um eu completo, natural, concêntrico, onisciente, disseminado, todo-poderoso.

O outro multicultural ocupa uma espacialidade de certo modo ancorada na política da mesmidade – de pertencimento a uma comunidade que deve estar sempre bem ordenada e solidificada –, talvez identitária, ainda que submetida a uma única essência, a um único *modus vivendi* – e quem sabe cultural – mas sempre de equivalência.

É um outro a quem se faz oscilar entre o ser-radicalmente-outro, o outro-igual e o-outro-a-ser tolerado (e/ou o aceito, e/ou a ser respeitado, e/ou a ser reconhecido etc.).

O outro multicultural naufraga entre o ser-diverso e o ser-diferente.

Diversidade e diferença parecem termos similares, seus usos parecem ser os mesmos, seu caráter de representação da alteridade parece idêntico. Mas não o são ou, em todo caso, o são apenas na superficialidade e na artificialidade de um discurso travestido que se apropria violentamente, outra vez, do inominável.

Entre a diversidade e a diferença existe um abismo insondável, uma distância política, poética e filosoficamente opressora. O outro da diversidade e o outro da diferença constituem outros dissimilares. A tendência de fazer deles o mesmo retorna todo discurso a seu trágico ponto de partida colonial, ainda que vestido com a melhor roupagem do multiculturalismo – mesmo que seja igualitarista ou diferencialista.

Há uma política, uma poética e uma filosofia da diferença.

> Hoje em dia nossos lemas se constroem com palavras como *convivência*, *diálogo* ou *pluralismo* e, sem dúvida, ganhamos com a mudança. Mas devemos continuar suspeitando que talvez essas palavras estejam sendo utilizadas de forma tão acrítica como a antiga *missão civilizadora* e que casualmente estejam alimentando também nossa boa consciência, a íntima certeza de nossa superioridade moral, e uma imagem confortável e satisfeita de nós mesmos. (Larrosa, 2002: 72)

Mas como descrever essas questões sem inventar novamente o outro, sem mascará-lo, sem designá-lo, sem emudecê-lo, sem deixá-lo tenso com a fixação do diferente, sem constituí-lo num simples ventríloquo da nossa mesmidade, sem transformá-lo em uma espacialidade exterior da nossa (in)diferença?

Em primeiro lugar: pode-se dizer que o outro político é, essencialmente, unicamente, um outro anticolonial ou anticolonialista? Em seguida: pode-se entender uma política da diferença somente como uma contestação ostensiva da mesmidade? Como uma enunciação afirmativa da diversidade multicultural? Ou se trata de um outro diferente, de um outro que certa literatura chama de diferença pós-colonial, isto é, de um outro cuja razão de ser escapa e não pode ser explicada por meio de uma lógica de linguagem colonial? De um outro que não é maléfico nem transparente, que não vive somente para contestar o malefício, que não se alinha facilmente a uma cultura que pode ser tanto ordenada quanto múltipla, que não pode ser reduzido a uma sequência ou a um papel ou a uma ação apenas relacional e comunicativa?

Digamos, de uma vez, que a diferença política, ainda quando assim seja habitualmente entendida, não está localizada no todo, nem em um outro anticolonial, nem em um outro multicultural. Não parece estar, simplesmente, pois em ambos os casos, o outro continua sendo reduzido/simplificado a uma ação/situação que tem como ponto de partida outro lugar diferente do seu, uma espacialidade cuja origem foi inventada e determinada, uma temporalidade presente da mesmidade que o obriga a existir em uma metáfora violenta apenas de linearidade e/ou circularidade.

Há, está claro, um tipo de diferença (política) que é anticolonial: é o outro que nasce no mesmo momento em que o colonizador começa a estabelecer-se em terras distintas e distantes; é o outro que inicia uma árdua batalha contra a violência física e simbólica desse processo; é o outro que se propõe e propõe discursos e práticas de oposição ao colonial.

Há, também, um tipo de diferença (política) que é basicamente descolonizadora; uma diferença que insiste em produzir textos afirmativos, imagens positivas da própria cultura, do próprio corpo, da própria identidade. Uma diferença que se instala para discutir, passo a passo, a onipresença do discurso colonial; que pretende responder com outras linguagens à assimetria entre discursos e representações; que denuncia as desigualdades sociais, econômicas, educativas, sexuais, raciais etc., que, ao rever a história e a literatura pretende anular os efeitos do discurso colonial sob perspectivas não hegemônicas e/ou não-dominantes.

Mas o outro anticolonial e o outro descolonizador foram frequente e rapidamente reciclados, domesticados, redu-

> Eu não sou eu nem sou o outro,
> sou qualquer coisa de intermédio:
> pilar da ponte do tédio
> que vai de mim para o outro.
> Mário de Sá-Carneiro, Lisboa, 1914
> (Sá-Carneiro, 1995)

> Falaram-me em homens, em humanidade,
> Mas eu nunca vi homens nem vi humanidade.
> Vi vários homens assombrosamente diferentes entre si,
> Cada um separado do outro por um espaço sem homens.
> (Alberto Caeiro. In: Pessoa, 2001: 169)

zidos pelo poder do discurso colonial. A distância, a oposição e a referência a um mesmo ponto foram rapidamente entendidas como vozes de uma mesma obra de teatro, de uma mesma tragédia, de uma mesma gramática. E se reproduziram e multiplicaram as sociologias do subdesenvolvimento, as teorias da dependência, as formas holísticas sedativas de explicação cultural, as relações nativistas e nacionalistas de relação com o outro. O outro volta a ser assim, somente, um outro (politicamente) redutível, subdesenvolvido, domesticado, minoritário, nativo, dependente etc.

O desvio para outros espaços, a irrupção dos outros, a heteronomia de forças diferentes: o outro dessa diferença política é uma passagem que se atravessa? Uma fronteira que se modifica a partir da qual algo e/ou alguém começam a se fazer presentes? Um entre-lugar, um terceiro espaço, que não é nem colonial nem multicultural, nem tampouco anticolonial ou descolonizador?

O entre-lugar torna dramática a permanente ilusão de tradutibilidade do outro e de sua diferença. Não há conteúdo no outro que possa ser sequer percebido sob uma lógica de assimilação, racista ou diferencial.

É possível que ao pensar nas diferenças seja necessário, ao mesmo tempo, afirmar a multiplicidade e a singularidade das valorações de um sujeito; como sugere Martin Hopenhayn (1999: 129): *a diferenciação, pensada como diferença operando ou acontecendo [...], é ato de deslocamento plural entre muitas alternativas de interpretação, mas também é ato de posicionamento singular frente a essa luta de interpretações possíveis.* A diferença, para esse autor, não constitui um ponto de vista, mas uma distância que separa de um outro ou outros; é uma diferença entre perspectivas, uma dobradiça que *articula o singular de uma perspectiva e o plural de seus deslocamentos virtuais* (idem: 131).

Já não é, então, a relação entre nós e eles, entre a mesmidade e a alteridade, o que define a potência existencial do outro, mas a presença – antes ignorada, silenciada, aprisionada etc. – de diferentes espacialidades e temporalidades do outro; já não se trata de identificar uma relação do outro como sendo dependente ou como estando em relação empática ou de poder com a mesmidade; não é uma questão que se resolve enunciando a diversidade e ocultando, ao mesmo tempo, a mesmidade que a produz, define, administra, governa e contém; não se trata de uma equivalência culturalmente natural; não é uma ausência que retorna malferida; trata-se, por assim dizer, da irrupção (inesperada) do outro, do ser-outro-que-é-irredutível-em-sua-alteridade.

De certo modo, seria possível dizer que esse outro não é nem pura identidade nem mera diferença; não é um outro redutível que o faz transformar-se do indefinível em algo definível e do inominável em algo nominável. Como sugere Gabilondo (2001: 193): *a diferença não se reduz à diferença de um consigo mesmo, nem simplesmente à de um com outro, mas é a experiência viva de uma irrupção – da palavra e do olhar – que torna possível essas outras formas de alteridade [...]*.

Sob a perspectiva de Lévinas (2000: 85), trata-se do questionamento e do deslocamento da ontologia do outro, aquilo que em nome do Ser, do Ser como o mesmo, acaba por reduzir e subordinar toda alteridade. O outro já não é dado senão como uma perturbação da mesmidade, um "rosto" que nos sacode eticamente. A irrupção do outro é o que possibilita sua volta; mas não irrompe para ser bem-vindo ou desconcertado, nem para ser honrado ou insultado. Irrompe em cada um dos sentidos nos quais a normalidade foi construída. Não volta para ser incluído, nem para narrarmos suas histórias alternativas de exclusão. Irrompe, simplesmente, e nessa irrupção sucede o plural, o múltiplo, a disseminação, a perda de fronteiras, a desorientação temporal, o desvanecimento da própria identidade.

O outro irrompe, e nessa irrupção, nossa mesmidade vê-se desamparada, destituída de sua corporalidade homogênea, de seu egoísmo; e ainda que busque desesperadamente as máscaras com as quais inventou a si mesma e com as quais inventou ao outro, o acontecimento da irrupção deixa esse corpo em carne viva, torna-o humano, lança fragmentos de sua identidade. O outro volta e nos devolve nossa alteridade, nosso próprio ser outro; é o tornar-se outro e todavia *esse tornar-se outro não é o retorno do Uno que volta, mas diferenças de diferenças, divergências transitórias, sempre mais e menos a cada vez, mas nunca igual. Não é questão de limitar esse devenir, ordená-lo ao mesmo e fazê-lo semelhante* (Gabilondo, op. cit.: 163).

A irrupção do outro quebra a agonia do mesmo, de uma ipseidade que sempre cobra poder sobre o outro. Somos, como diz Derrida, reféns do outro, e não podemos ter relação com nós mesmos além da medida na qual a irrupção do outro tenha precedido a nossa própria ipseidade (Derrida, 2001: 51).

Agora, a irrupção do outro não faz do outro unicamente um fantasma, ou um morto, ou um malefício, ou uma identidade que serve só para nossa identidade.

Agora, a irrupção do outro pode instaurar uma nova e original relação com a mesmidade. Mas não uma relação tranquila, transparente, consistente, nem muito menos incondicional ou empática.

A irrupção do outro é uma diferença que difere, que nos difere e que se difere sempre de si mesma. Um outro inalcançável, irredutível, efêmero em seu nome e em sua significação, inabordável, que se afasta em seu mistério, com seu mistério. É

> Ipseidade é o mesmo que hecceidade ou ecceidade. Refere-se ao processo de individuação, aquilo que faz com que um indivíduo seja ele mesmo e se distinga de qualquer outro. (Lalande, 1993)

> (...) não é o 'outro' o que é outro Eu, se não o Eu um 'outro', um Eu falido. Não há amor que não comece com a revelação de um mundo possível enquanto tal, implicado em um 'outro' que o expressa. (Derrida, 1987: 414)

o outro que *surge de qualquer maneira. É ele que a toda hora cria a linha de divisão* (Baudrillard, 2002: 66).

O mistério do outro, o poder de sua alteridade. Não há relação com o outro se seu rosto é ignorado. Ainda que o consideremos como um corpo-objeto, ainda que façamos do outro uma simples anatomia e simplifiquemos o mundo que ele expressa e, também, sua expressividade.

Já não há somente uma violência de onde o outro deve, por força, reduzir-se ao mesmo, ser o mesmo.

Já não é uma ontologia do outro que é, por vezes, alérgica ao outro.

A relação com o outro não está mais cimentada só no saber, no conhecimento, na verdade, na intencionalidade. Uma consciência intencional que, ao entrar em relação com o outro, termina com sua própria essência, se reduz a nada e, como bem diz Mélich (1998: 171), acaba reduzindo-se a cinzas.

III

O que pode significar educar em meio a uma espacialidade do outro que se desvia e que se desloca incessantemente até afastar-se com seu mistério, até tornar-se irredutível? É a educação, por acaso, o império da mesmidade e a desolação da alteridade em sua volta ao mesmo? Um gesto ritualista sobre o regresso do outro? O outro em um único tempo, inscrito em um único mapa, em uma única fotografia, em um único dia de festa por ano, o outro condenado a uma única e última carteira? Ou, quem sabe, uma forma de irrupção naquilo que já somos e quiséramos, muito, deixar de ser? Ser não só aquele que já fomos e que estamos sendo?

Não agregaria nada a essa discussão insistir sobre algo que já foi muito estudado: a educação institucional, a instituição educativa, a escola, é uma invenção e um produto daquilo que denominamos modernidade. As conclusões, já conhecidas, sobre a relação entre modernidade, educação e escola são evidentes: o tempo da modernidade e o tempo da escolarização insistem em ser, como decalques, temporalidades que só desejam a ordem, que teimam em classificar, em produzir mesmidades homogêneas, íntegras, sem fissuras, a salvo de toda contaminação do outro; a espacialidade da modernidade e o espaço escolar insistem em ser, como irmãs de sangue, espacialidades que só buscam restringir o outro para longe de seu território, de sua língua, de sua sexualidade, de seu gênero, de sua idade, de sua raça etc.

Modernidade e escola como uma temporalidade simétrica, em que cada coisa deveria ter seu espaço e cada espaço deveria seguir o ritmo de um tempo monocórdio, insensível, inevitável.

Modernidade e escola, em que *duas coisas distintas não podem estar ao mesmo tempo no mesmo lugar* e onde *uma*

> (...) a escola moderna e seu currículo constituiriam uma ruptura nos sistemas de conhecimento através dos quais os indivíduos deviam regular e disciplinar seus "eus". A escola corporificava estilos cognitivos "modernos" particulares, pelos quais os indivíduos davam sentido a seus mundos sociais e agiam sobre ele (Berger et al. 1973; Foucault, 1973). (Popkewitz, 1994: 190)

mesma coisa não pode estar em dois lugares ao mesmo tempo.

O mesmo e o outro não podem, nessa temporalidade, nessa escola, estar ao mesmo tempo. A mesmidade da escola proíbe a diferença do outro.

Confirma a "mesma coisa", ao mesmo tempo em que nega a diferença do outro.

Um lugar estável, ordenado, linear, para a mesmidade. Outro lugar, bem diferente, mais de muito maior ordem, de muito maior controle, de muito maior governo, um lugar deliberadamente sem tempo e sem espaço, para os outros.

Mas do mesmo modo em que o objetivo de ordem da modernidade terminou sendo uma expressão de impossibilidade de um projeto igualmente impossível, também a ordem da escola foi-se despedaçando, foi-se fragmentando nas várias tonalidades do tempo presente.

A oposição entre *poiesis* e *praxis* educativa tornou-se extrema.

Tornou-se dona, por vezes, de uma temporalidade contínua e descontínua, de uma espacialidade homo-homogênea e heteróclita.

Por um lado, a *tarefa* de educar transformou-se em um ato de fabricar mesmidades e ali se manteve, satisfeita de si mesma; estabeleceu uma ordem, uma hierarquia de somas e restos, de sujeitos e predicados, de História e histórias, de exclusão e inclusão, de anjos e condenados.

Por outro lado, o *ato* de educar tomou outro rumo, seguiu outro caminho sobre o qual nunca se deteve, pois nunca o deu por cumprido, nunca o deu por acabado.

A educação como um ato que nunca termina e que nunca se ordena.

A educação como *poiesis*, quer dizer, como um tempo de criatividade e de criação que não pode nem quer se orientar para o mesmo, para a mesmidade.

Depois da ordem, nenhuma outra ordem, a não ser a perplexidade. No caso, a perplexidade da educação, a perplexidade da escola.

Uma pedagogia da perplexidade que seja um assombro permanente e cujos resplendores nos impeçam de capturar a compreensão ordenada de tudo o que ocorre ao redor.

Que permita nos desvanecer para criar uma outra pedagogia. Uma pedagogia do acontecimento, uma pedagogia descontínua, que provoque o pensamento, que retire do espaço e do tempo todo saber já disponível; que obrigue a recomeçar do zero, que faça da mesmidade um pensamento insuficiente para dizer, sentir, compreender aquilo que tenha acontecido; que emudeça a mesmidade.

Que desordene a ordem, a coerência, toda pretensão de significados. Que possibilite a vaguidade, a multiplicação de todas as palavras, a pluralidade de todo o outro. Que desminta um passado unicamente nostálgico, somente utópico,

> Aqui já não há nenhum objeto a fabricar, nenhum objeto do qual se tenha uma representação antecipada que permita sua elaboração e o encerre, de certo modo, dentro de seu 'resultado', se não um ato a realizar em sua continuidade, um ato que nunca termina verdadeiramente porque não comporta nenhuma finalidade externa ao mesmo, definida com prioridade. (Meirieu, 1998: 62)

absurdamente elegíaco. Que conduza a um futuro incerto.

Pedagogia para um presente disjuntivo que é, ao mesmo tempo, ainda que em outras temporalidades, três possíveis modos de entender a pedagogia: *o outro que deve ser anulado, o outro como hóspede* e o *outro que reverbera permanentemente*.

A pedagogia do outro que deve ser anulado é a pedagogia de sempre; uma pedagogia que nega duas vezes e que o faz de uma forma contraditória: nega que o outro tenha existido como *outro* e nega o tempo em que aquilo – a própria negação "colonial" do outro – possa ter ocorrido.

Nega que o outro tenha existido, pois não há "mulher", não há "negro", não há "vagabundos", não há "sem-algo" nem "sem-tudo", não há "anormais", não há "imigrantes", não há "delinquentes" etc. Não há porque nem são enunciados, nem estão aí para enunciar-se. Não há senão em um anúncio forçado e inevitável. Em uma menção etérea cuja voz se apaga a cada vogal, a cada consoante.

Nega o tempo da negação do outro: é, por exemplo, a África, que não existiu nunca ou que permanece sempre fixa entre o século XVIII e o XIX; é a mulher que não existiu nunca ou que sempre está detida pouco antes da década de 60 do século XX; é o *anormal* que não existiu nunca ou que sempre está exposto unicamente no circo; é o imigrante que não existiu nunca ou que sempre está condenado a seu ser-documentado/indocumentado, a seu ser-fora, a seu ser-maleficamente-nada.

A pedagogia do outro que deve ser anulado é o nunca-outro e o sempre-outro. Nunca existiu como outro de sua alteridade, como diferença. Sempre existiu como um outro do mesmo, como uma repetição da mesmidade.

A pedagogia do outro como hóspede de nosso presente é a pedagogia cujo corpo se "reforma" e/ou se "autorreforma"; é a ambição do texto da mesmidade que tenta alcançar o outro, capturar o outro, domesticar o outro, dar-lhe voz para que diga sempre o mesmo, exigir-lhe sua inclusão, negar a própria produção de sua exclusão e de sua expulsão, nomeá-lo, confeccioná-lo, dar-lhe um currículo "colorido", oferecer-lhe um lugar vago, escolarizá-lo cada vez mais para que, cada vez mais, possa parecer-se com o mesmo, ser o mesmo.

É uma pedagogia que afirma duas vezes e que nega também duas vezes: afirma o "nós", mas nega o tempo (provavelmente) comum; afirma o outro, mas nega-lhe seu tempo.

É a pedagogia da diversidade como pluralização do "eu mesmo" e de "o mesmo"; uma pedagogia que hospeda, que abriga; mas uma pedagogia à qual não importa quem é seu hóspede, mas que se interessa pela própria estética do hospedar, do alojar.

> Como decifrar pictogramas de há dez mil anos
> se nem sei decifrar
> minha escrita interior?
>
> Interrogo signos dúbios
> e suas variações calidoscópicas
> a cada segundo de observação.
>
> A verdade essencial
> é o desconhecido que me habita
> e a cada amanhecer me dá um soco.
>
> Por ele sou também observado
> com ironia, desprezo e incompreensão.
> E assim vivemos, se ao confronto se chama viver,
> unidos, impossibilitados de desligamento,
> acomodados, adversos,
> roídos de infernal curiosidade.
>
> ("O outro", Carlos Drummond de Andrade, 1984)

Uma pedagogia que reúne, ao mesmo tempo, a hospitalidade e a hostilidade em relação ao outro. Que anuncia sua generosidade e esconde sua violência de ordem.

Uma pedagogia que não se preocupa (e que se aborrece) com a identidade do outro, quando não repete (até a exaustão) somente a ipseidade do "eu".

A repetição sempre, até a exaustão, do mesmo.

A pedagogia do outro que reverbera permanentemente é a pedagogia de um tempo outro, de um outro tempo.

Uma pedagogia que não pode ocultar as barbáries e os gritos impiedosos do mesmo, que não pode mascarar a repetição monocórdia, e que não pode, tampouco, ordenar, nomear, definir, ou fazer congruentes os silêncios, os gestos, os olhares e as palavras do outro.

Uma pedagogia que, no presente, poderia instalar-se, mas não se acomodar, entre a memória e o porvir.

Mas, também, uma pedagogia que não seja só a fabricação do futuro e que se abra ao porvir, esse tempo que, como sugere Larrosa (2001: 419), *nomeia a relação com o tempo de um sujeito receptivo, não tanto passivo como paciente e passional, de um sujeito que se constitui desde a ignorância, a impotência e o abandono, desde um sujeito, enfim, que assume sua própria finitude [...]*.

Referências bibliográficas

ANDRADE, C. D. de. *Corpo:* novos poemas. Rio de Janeiro: Record, 1984.

BAUDRILLARD, J. *A troca impossível.* Rio de Janeiro: Nova Fronteira, 2002.

DERRIDA, J. Psyché. *L'invention de l'autre.* Paris: Galilée, 1987.

_____. *¡Palavra! Instantáneas filosóficas.* Madri: Editorial Trotta, 2001.

GABILONDO, A. *La vuelta del otro. Diferencia, identidad, alteridad.* Madri: Editorial Trotta, 2001.

HOPENHAYN, M. Transculturalidad y diferencia. In: ARDITI, B. (Ed.). *El reverso de la diferencia. Identidad y política.* Caracas: Nueva Sociedad, 1999. p. 69-80.

LALANDE, A. *Vocabulário técnico e crítico da filosofia.* São Paulo: Martins Fontes, 1993.

LARROSA, J. *Dar a palavra. Notas para uma dialógica da transmissão.* In: LARROSA, Jorge; SKLIAR, Carlos (Ed.). *Habitantes de Babel. Política e poética da diferença.* Belo Horizonte: Autêntica, 2001.

_____. ¿Para qué nos sirven los extranjeros? *Educação & Sociedade*, São Paulo, n. 79, p. 67-84, ago. 2002.

LÁREZ, A. ¿La pregunta por la educación?: Fuerza de ley, liberación de la singularidad. Relatório apresentado no SEMINARIO INTERNACIONAL EDUCACIÓN Y CIUDADANÍA. Maturín, Venezuela, nov. 2001.

LÉVINAS, E. *El tiempo y el otro.* Barcelona: Paidós, 1993.

_____. *Ética e infinito.* Madri: La Balsa de la Medusa, 2000.

MÈLICH, J-C. La respuesta al otro: la caricia. In: LARROSA, Jorge e PÉREZ DE LARA, Nuria (Org.). *Imágenes del otro.* Barcelona: Virus, 1997. p. 153-162.

MEIRIEU, P. *Frankestein educador.* Barcelona: Laertes, 1998.

PESSOA, F. *Alberto Caeiro*: Poesia. São Paulo: Companhia das Letras, 2001.

POPKEWITZ, T. História do currículo, regulação social e poder. In: SILVA, T. T. *O sujeito da educação.* Petrópolis: Vozes, 1994.

_____. *Reforma educacional.* Porto Alegre: Artes Médicas, 1997.

SÁ-CARNEIRO, M. de. *Obra completa.* São Paulo: Nova Aguilar, 1995.

10. A apropriação educacional das tecnologias da informação e da comunicação

Raquel Goulart Barreto
Professora adjunta da Faculdade de Educação da Universidade Federal do Rio de Janeiro (UFRJ).

Como é uma sala de aula?

A pergunta parece óbvia demais, especialmente quando feita dentro de uma sala de aula. Arquitetonicamente falando, uma sala de aula tem quatro paredes, porta, janelas, quadro de giz, um certo número de carteiras para os alunos, e uma mesa com cadeira para o professor. O espaço delimitado pelas paredes tende a apresentar poucas variações no seu arranjo básico: as carteiras são colocadas em fileiras, umas atrás das outras, de modo que os alunos ficam de costas para alguns colegas e ao lado de outros, na maioria das vezes com o espaço de uma carteira os separando, todos eles podendo ver e ser vistos pelo professor, posicionado de frente, junto ao quadro de giz, como o centro das atenções.

É claro que existem variações a considerar. As escolas concretas possuem traços que escapam ou mesmo contrariam as representações inscritas no imaginário social. Por vezes, sequer há quatro paredes a delimitar o espaço da sala de aula. Contudo, ainda assim, parece haver a tentativa de reproduzir o arranjo tradicional do espaço.

Esta matriz de arranjo espacial também é retratada por Papert (1994), em uma "parábola" que ilustra a permanência da organização das situações de ensino e dos traços definidores do trabalho docente. O autor conta a história de viajantes do tempo, vindos do século XIX para ver como seriam suas profissões cem anos depois. Os cirurgiões ficaram estupefatos diante da sala de cirurgia do final do século XX e se viram absolutamente incapacitados de ocupar aquele espaço. Os objetos técnicos eram outros, novos, desconhecidos. O cenário era inusitado. Já os professores, entrando na sala de aula, se sentiram muito à vontade. Poderiam tranquilamente assumir o trabalho. O cenário era tão familiar que parecia mesmo que o tempo não havia passado.

Moacyr Lopes Jr./Folha Imagem,
Folha de S. Paulo, 12/9/1999

Esta permanência, fortemente referida ao arranjo espacial e aos elementos nele presentes, precisa ser pensada também nos termos das práticas de linguagem que os sustentam e são sustentadas por eles. Assim, se as carteiras são dispostas em fileiras, umas atrás das outras e com espaços laterais, não há a expectativa de que os alunos falem entre si. Pelo contrário, o que estas falas tendem a configurar é a quebra da ordem, como bate-papo, conversa paralela, indisciplina.

A mediação didática não deve, portanto, ser interpretada como um mal necessário ou como um defeito a ser suplantado. [...] Cabe à escola o papel de tornar acessível um conhecimento para que possa ser transmitido. Contudo, isso não lhe confere a característica de instância meramente reprodutora de conhecimentos. [...] devemos recusar a imagem passiva da escola como receptáculo de subprodutos culturais da sociedade. Ao contrário, devemos resgatar e salientar o papel da escola como socializadora/produtora de conhecimentos. (Lopes, 1999: 218)

Evidentemente, os padrões não são tão fixos, assim como as carteiras não são fixadas ao chão da sala, salvo raras exceções. Como ambos são móveis, é possível deslocar as carteiras para a realização de atividades em grupo, mais ou menos frequentes, dependendo dos conteúdos trabalhados, por decisão dos professores que com eles trabalham.

O poder do professor na sala de aula é cotidianamente materializado nos modos pelos quais ele administra as práticas de linguagem: como cede ou não a palavra que lhe é atribuída; desenvolve monólogos e/ou diálogos com os alunos; no movimento da mediação didática, no sentido de aproximar os alunos do conhecimento.

Entretanto, face às condições históricas da produção do ensino, especialmente à sua restrição a um caminho que vai do escrito para o escrito, o discurso pedagógico tende a assumir uma configuração autoritária: um dizer institucionalizado, que pode não dar espaço à reversibilidade (ceder a palavra, ouvir o outro, interagir), além de supor a legitimidade das informações transmitidas (a rubrica da cientificidade). Como a tendência é falar "sobre" as coisas e não "das" coisas mesmas, seu conteúdo referencial pode ser apagado por este tipo específico de metalinguagem, que fixa as definições e exclui os fatos. Como é sustentado por noções assumidas como sendo as "corretas", parece desejável que nunca deixe margem a dúvidas. E, não dando espaço para outras vozes, o discurso autoritário pode acabar administrando a repetição da palavra autorizada/consentida.

Por outro lado, é preciso enfatizar que este autoritarismo, tendencial, pode ser rompido pelo exercício crítico. O funcionamento discursivo não é previsível, nem obedece a uma lógica linear. Até mesmo os *clichês*, esses exemplares de linguagem prontos para circular, produzem efeitos de desgaste. De tão repetidos, acabam concorrendo para a desconstrução dos sentidos já alicerçados, esvaziando-se. Sua repetição reforça, mas também desgasta, desloca sentidos. O mesmo ocorre com o discurso marcadamente definicional, muito comum na escola, que pode acabar colocando em xeque as definições mesmas, fundando um lugar de reflexão acerca dos objetos definidos.

A presença de múltiplas linguagens constitui uma alternativa de ruptura com os limites impostos pelas velhas tecnologias utilizadas, representadas principalmente pelo quadro de giz e pelos livros didáticos, bem como pelo arranjo tradicional das salas de aula.

> Numa sala de aula de Ensino Fundamental, a professora pergunta: "O que é um retângulo?"
> Os alunos permanecem mudos. Alguns tentam achar a resposta no livro, que é retangular como o caderno, como a carteira, como o quadro de giz, como a sala de aula... Parecendo não se dar conta, a professora vai ao quadro, escreve a definição e espera que os alunos copiem.

> ILHA DAS FLORES (filme de Jorge Furtado)
> Neste curta-metragem, a repetição exaustiva das definições, aliada a imagens que as contradizem, produz efeitos importantes, a serem analisados.

Linguagens e tecnologias: breve histórico

A trajetória circular do ensino, que vai do escrito para o escrito, privilegiando apenas esta modalidade de linguagem verbal, não pode ser desvinculada do uso exclusivo de quadro de giz e do livro didático, com um ou outro recurso audiovisual utilizado como reforço ou ilustração.

Mesmo sem entrar no mérito da discussão acerca da qualidade dos livros didáticos utilizados nas nossas escolas, é necessário pontuar a sua condição de respostas corretas para uma infinidade de perguntas. Não por acaso, ainda que não apenas por esta razão, as edições dedicadas aos professores contêm as respostas para os exercícios apresentados. Muito raramente eles deixam margem a outras perguntas, discussões, aprofundamentos. Por serem didáticos, tendem a assumir o pressuposto da clareza, da objetividade e da transparência impossíveis. Consequentemente, operam uma espécie de pasteurização dos conhecimentos apresentados, evitando conceitos e noções que poderiam suscitar dúvidas.

Os textos ditos escolares são, portanto, bem característicos: o que não é texto escrito é esquema ou figura que visa a reforçá-lo ou a tornar mais atraente a sua leitura. Enquanto isso, fora da escola, as tecnologias da informação e da comunicação produzem textos cada vez mais diversificados e complexos, na medida em que tecidos pela articulação de palavras, imagens, sons etc. Assim, foi sendo configurada uma enorme lacuna entre os textos produzidos na escola e fora dela.

Na década de 1970, sob a influência da abordagem tecnicista do ensino,

---

A convivência com a música, a pintura, a fotografia, o cinema, com outras formas de utilização do som e com a imagem, assim como a convivência com as linguagens artificiais poderiam nos apontar para uma inserção no universo simbólico, que não é a que temos estabelecido na escola. Essas linguagens não são alternativas. Elas se articulam. E é essa articulação que deveria ser explorada no ensino da leitura, quando temos como objetivo trabalhar a capacidade de compreensão do aluno. (Orlandi, 1988: 40)

foram produzidos materiais "autoinstrucionais": instruções programadas (lineares e ramificadas), módulos etc. Produzidos em série e concebidos para o ensino de conteúdos específicos, eram apresentados como redimensionamento do arranjo da sala de aula e ocupação de outros espaços, não escolares. Os argumentos que os sustentavam estavam centrados na possibilidade de atendimento às diferenças individuais dos alunos. Via de regra, estas diferenças ficavam restritas ao ritmo, mais rápido ou mais lento, de aprendizagem, já que raramente eram incluídas atividades alternativas para contemplar estilos cognitivos diversos. Sua principal novidade consistia no estabelecimento de outra modalidade de interação: entre os alunos e os materiais, ditos autoexplicativos, para promover mudanças de comportamento observáveis. A novidade foi alvo de críticas importantes, relacionadas à suposta previsibilidade de todas as situações de ensino e ao esvaziamento do trabalho docente.

No Brasil, é possível afirmar que a influência tecnicista ficou circunscrita à formulação, no papel, de objetivos comportamentais. Sem conteúdos culturais que sustentassem a hipertrofia da dimensão observável e os estudos analíticos de linguagem e, igualmente, sem dispor das tecnologias para tanto – os computadores de então ocupavam toda uma sala –, a educação brasileira resistiu passivamente.

É provável que em um futuro não muito distante, a seção mais importante da escola seja o "almoxarifado". Ali os módulos são armazenados, distribuídos aos alunos e recolhidos. E nessa escola é provável, também, que qualquer pensamento divergente receba do computador a fria resposta: "Não tem registro". (Parra, 1978: 85)

Na década de 1980, enquanto algumas universidades criavam centros-piloto de informática na educação, a discussão das linguagens na escola esteve centrada na oportunidade (ou não) de abrir as portas para os outros textos e para os meios que os veiculavam. A TV era o foco principal. Em geral, havia uma disposição para admitir os chamados "programas educativos", cuja produção era, via de regra, impregnada do didatismo reducionista dos livros escolares e da respectiva monotonia. Havia uma considerável resistência à presença física do objeto TV, identificado a conteúdos menos nobres. O que muitas vezes ficava de fora da discussão era o fato de que os alunos, assim como os professores, assistiam aos mais diversos programas e que, portanto, não havia como evitar a sua "presença" na escola, embora se pudesse manter silêncio acerca deles.

Na primeira metade da década de 1990, a discussão educacional remetia à apropriação dos diferentes produtos televisivos, em uma perspectiva notadamente crítica. A preocupação maior passou a consistir nos modos pelos quais a escola poderia trabalhar os gestos de leitura dos novos textos. Fóruns específicos foram constituídos para a discussão sistemática das aproximações entre as áreas da educação e da comunicação. Foi criado o grupo de trabalho de Educação e Comunicação

Na escola, o trabalho comunicacional com a multiplicidade de mídias presentes no mundo contemporâneo não pode ser improvisado, e nem desarticulado de uma proposta educativa que contribua para a democratização de saberes socialmente significativos, produzidos e em produção pela humanidade.
(Fusari, 1994: 44)

na ANPEd (Associação Nacional de Pesquisa e Pós-Graduação em Educação), foi fortalecido o trabalho da Intercom (Sociedade Brasileira de Estudos Interdisciplinares da Comunicação), com a publicação da *Revista Brasileira de Comunicação* etc.

Na segunda metade da década de 1990, as discussões acerca dos modos pelos quais a escola se apropriaria dos produtos da mídia foi como que atropelada por dois fatos: 1. os microcomputadores passaram a ter custo menos proibitivo e a fazer parte do cotidiano de um número crescente de pessoas, especialmente com o advento da *Internet*; e 2. os organismos internacionais, como o Banco Mundial e a Unesco, formularam políticas educacionais centradas no uso intensivo das tecnologias e estabeleceram-nas como *condicionalidades* para empréstimos aos países em desenvolvimento, em um discurso que explicita a intenção de quebrar o monopólio docente na transmissão do conhecimento.

A partir de então, as tecnologias são postas no centro da cena, como saída para os antigos limites e problemas e, neste movimento, retomam o mito da tecnologia. Contudo, esta retomada é feita em outro patamar, não apenas porque as novas tecnologias são muito mais sofisticadas do que as da década de 1970, mas acima de tudo porque elas estão inscritas em um novo paradigma: o tecnológico (Oliveira, 2001).

> A Unesco, em boa quantidade de documentos, mostra a visão que continua prevalecendo e que é puramente instrumental: usar os meios televisivos para que mais gente possa estudar; porém estudar sempre a mesma coisa, ou seja, permitir, por exemplo, que os alunos vejam uma ameba numa tela gigantesca. (Martín-Barbero, 2000: 56)

O Programa SocInfo tem como objetivo fomentar ações para a utilização de tecnologias de informação e comunicação, contribuindo para que a economia do país tenha condições de competir no mercado global e para que todos os brasileiros façam parte da Sociedade da Informação. Para tanto, as responsabilidades são divididas entre governo, iniciativa privada e sociedade civil.
(http://www.socinfo.org.br)

http://www.mec.gov.br/seed

Linhas de Ação	Linhas de Ação
Metas	As linhas de ação da SEED fundamentam-se na existência de um sistema tecnológico – cada vez mais barato, acessível e de manuseio mais simples – capaz de: ▪ trazer para a escola um enorme potencial didático-pedagógico; ▪ ampliar oportunidades onde os recursos são escassos; ▪ familiarizar o cidadão com a tecnologia que está em seu cotidiano; ▪ dar respostas flexíveis e personalizadas para pessoas que exigem diversidade maior de tipos de educação, informação e treinamento; ▪ oferecer meios de atualizar rapidamente o conhecimento; ▪ estender os espaços educacionais; e ▪ motivar os profissionais e alunos para aprender em continuamente, em qualquer estágio de suas vidas.
Regulamentação em EAD no Brasil	
Indicadores de Qualidade	
Instituições Credenciadas	
Principais Programas	
Relatórios de Gestão	

Conheça a TV Escola
Kit Tecnológico
O universo da TV Escola são escolas públicas com mais de 100 alunos e com energia elétrica, conforme o que estabelece a Resolução FNDE nº 21, de 7 de agosto de 1995, independentemente de localização urbana ou rural.
A infraestrutura repassada a essas escolas foi um conjunto de equipamentos, denominado "kit tecnológico", composto por: televisor, videocassete, antena parabólica, receptor de satélite e dez fitas de vídeo VHS. Em algumas regiões, foi autorizada a compra de um estabilizador de voltagem.
(http://www.mec.gov.br/seed/tvescola)

No Brasil, em dezembro de 1995, é criada a Secretaria de Educação a Distância (SEED), com programas especificamente voltados para a utilização das tecnologias educacionais, na perspectiva da formação de professores a distância: TV Escola, ProInfo (Programa Nacional de Informática na Educação), PAPED (Programa de Apoio à Pesquisa em Educação a Distância), Proformação (Programa de Formação de Professores em Exercício) e, mais recentemente, Rádio Escola.

No *site* do MEC, é possível constatar a aposta cada vez maior nas tecnologias. Se perguntarmos *quem* é capaz de sustentar o conjunto das ações/transformações listadas, encontraremos o termo que ocupa a posição de sujeito: *um sistema tecnológico*. Como as suas características destacadas são o preço, a acessibilidade e a simplicidade do manuseio, parece mesmo que as tecnologias estão colocadas como resposta para todas as questões educacionais e que, além disso, o trabalho com as tecnologias é simples, está pronto e embalado em um pacote ou *kit*.

Por outro lado, na medida em que as tecnologias estão diretamente associadas à formação de professores a distância, cabem questionamentos acerca dos sentidos de que elas estão investidas.

Tecnologias na formação de professores a distância

O deslocamento das tecnologias para a posição de sujeito, em uma formulação idêntica à dos objetivos educacionais dos anos 1970 (*capaz de* + listagem de desempenhos), precisa ser analisado na sua relação com deslocamentos semânticos, ou seja, com as ressignificações do trabalho docente em geral e da mediação didática em particular.

Historicamente, os primeiros mestres se caracterizaram pela produção dos conhecimentos, saberes e reflexões que ensinavam. Após o mercantilismo, a divisão social do trabalho promoveu a reconfiguração da sua identidade: ele já não era identificado pelo saber que produzia, mas pelo saber produzido que transmitia. Face à urgência da proposta de universalizar o ensino, assumiu a profissão de professor.

Constituído socialmente como aquele que dominava produtos do trabalho científico, devia estar em dia com as descobertas da sua área de atuação, de modo a adequá-las às necessidades dos alunos. Assumiu a articulação dos eixos epistemológicos às necessidades didático-pedagógicas ou, em outras palavras, a tarefa de selecionar e organizar conteúdos de ensino.

Com os desdobramentos sucessivos na divisão social do trabalho, seu espaço de ação foi ficando mais restrito. No limite, ficou circunscrito à escolha do material didático a ser usado nas aulas, durante as quais lhe cabe controlar o tempo de contato dos alunos com este material singular que, por sua vez, chega a ser concebido como uma mercadoria cada vez mais pronta para ser consumida (Geraldi, 1993).

Nesses termos, o trabalho docente tem sido reduzido à atividade docente, assim como a sua formação (inicial e continuada) tem sido deslocada para a capacitação em serviço. Em ambos os casos, o ponto central corresponde à tentativa de apagamento ou de simplificação da mediação didática.

A formação de professores a distância, enfatizada no PNE (Plano Nacional de Educação, versão MEC) e na proposta da Unirede (Universidade Virtual Pública do Brasil), está baseada em suposições discutíveis. Uma delas é a concepção do ensino como um conjunto de habilidades e competências reconhecidas e reconhecíveis, a respeito das quais não existem dúvidas. É como se todas as mediações didáticas pudessem ser mapeadas e trabalhadas separadamente, resultando a soma no ensino competente. Outra é a crença nas tecnologias da informação e da comunicação como alternativa para dar conta, de modo econômico e eficaz, a distância, das estratégias necessárias ao desenvolvimento das referidas habilidades e competências.

Um canal privilegiado de capacitação do magistério, através da oferta de cursos a distância nos níveis de graduação, pós-graduação, extensão e educação continuada. (http://www.unirede.br)

Na base destas suposições, está a noção de que há um modelo de ensino válido para qualquer situação e que, portanto, o problema equivale a fornecer o modelo a ser seguido. Assim, os novos materiais didáticos, sustentados pelas novas tecnologias e em que tanto se aposta, não escapam aos velhos reducionismos. É o que tem ocorrido, por exemplo, com a Série *Viagens de Leitura*, do Programa TV Escola: paralelamente à insistência de que decisões cabem ao professor, os passos para a realização das atividades são repetidos e, algumas vezes, acompanhados pela imagem de pegadas deixadas na areia molhada.

A situação se torna mais grave na medida em que as relações entre ensino e pesquisa são enfraquecidas. Acabam sendo abortadas propostas de ensino construídas a partir de práticas pedagógicas concretas, visando a buscar alternativas de trabalho e princípios que possam ser submetidos a novas provas práticas. Aos professores (incapazes?), a capacitação.

A capacitação tem sido justificada em termos de diminuição das distâncias geográficas, já que as tecnologias permitem redimensionar tempo e espaço. O tempo (real) posto como simultaneidade e o espaço (virtual) visto não mais como um espaço de lugares, mas de fluxos, no movimento de democratizar a informação. Entretanto, ficam de fora as relações entre informação e conhecimento, bem como as questões relativas à seleção das informações veiculadas.

> Assim, o dito "novo paradigma" equivale a reduzir a formação ao treinamento das habilidades desejáveis ao manejo dos materiais de ensino que, traduzindo os parâmetros curriculares estabelecidos, favoreçam um bom desempenho na avaliação das competências estabelecidas.
> (Barreto, 2001: 18)

> Um dos paradoxos da sociedade de informação é que, quanto mais vasta é a informação potencialmente disponível, mais seletiva é a informação efetivamente posta à disposição dos cidadãos. E como nesse tipo de sociedade o exercício ativo da cidadania depende mais do que nunca da informação que o sustenta, a luta democrática mais importante é a luta pela democratização dos critérios da seleção da informação. (Santos, 1998)

> O Brasil dispõe hoje de condições excelentes para oferecer educação a distância com bastante competência, capaz de aprimorar o ensino ministrado em sala de aula e de fazê-lo chegar a mais brasileiros, nas regiões mais remotas do país.
> (http://www.mec.gov.br/seed/proform)

A atual política de formação de professores simplifica as tecnologias da informação e da comunicação quando as identifica apenas a estratégias de educação a distância. É como se as tecnologias garantissem, na posição de sujeito, mudanças que nos fizessem ultrapassar o chamado *divisor digital*, no sentido do alinhamento aos países desenvolvidos. Sua presença acaba supervalorizada e as questões que ela mesma suscita não são tratadas. Em seu lugar, são alardeadas soluções, inclusive para o ensino presencial.

Tecnologias: distância e presença no cotidiano do professor

A expressão "ensino presencial" é introduzida no texto da Lei de Diretrizes e Bases – LDB (Seção III, artigo 32, parágrafo 4º), como contraponto à inserção das tecnologias da informação e da comunicação para a educação a distância. Assim, a adjetivação do ensino conhecido e praticado nos mais variados espaços pedagógicos funciona como estratégia discursiva para legitimar o ensino a distância, este, sim, necessariamente adjetivado. E o ensino presencial parece já nascer velho, no sentido de distante das novas tecnologias.

Se as políticas governamentais deixam em segundo plano o ensino que não é feito a distância, é preciso que nos (re)aproximemos das mudanças nele produzidas pela utilização das tecnologias.

Se, por um lado, não há dúvidas de que novos textos, multimídia, são qualitativamente diferentes dos convencionais – tecidos pela linguagem verbal escrita –, por outro, não há garantias de que a sua utilização necessariamente produza as mudanças significativas no processo de ensino-aprendizagem. Antes de tudo, o que as multimídias trazem é a necessidade de recolocar a questão mesma da leitura destes materiais na escola.

É importante enfatizar que não se trata apenas de novos meios, suportes ou formatos. E, como as tecnologias não resultam necessariamente de escolha feita pelas instituições de ensino, sua presença pode não remeter a mudanças significativas do ponto de vista pedagógico. Às vezes, a presença de um artefato como um computador significa apenas a necessidade de um espaço privilegiado para abrigá-lo. Outras, sua presença é inteiramente direcionada para as atividades-meio, como o registro dos alunos e das suas notas/conceitos. Outras, ainda, para a realização de tarefas repetitivas e mecânicas, em que a novidade se resume à utilização daquele suporte.

Do ponto de vista formal, a tendência é (neo)tecnicista, face à sofisticação dos materiais utilizados, com as propostas e os materiais dos anos 1970 sendo revi-

> O que se vê nos discursos oficiais brasileiros para essa área é, mais uma vez, a escola sendo dirigida de fora e de cima, com os computadores, os novos projetos de comunicação como o TV Escola, sendo mais uma vez instrumentos – mais modernos! – de verticalização do sistema, no sentido de se montarem grandes bancos de dados e programas a distância para serem consumidos, numa apregoada interatividade que coloca professores e alunos apenas num patamar da chamada qualidade mínima. Não se vê nessas políticas a vontade de promoção de uma formação básica sólida que possibilite aos professores, usando as tecnologias, readquirirem o seu papel fundamental de lideranças dos processos educacionais. (Pretto, 1999)

sitados e reeditados, reciclados ou não, reformatados, travestidos, repostos. Do ponto de vista econômico, há silêncio acerca da enorme pressão do mercado para a introdução das tecnologias, como parte das estratégias para a ampliação deste mesmo mercado. Do ponto de vista pedagógico, a redução das tecnologias a ferramentas de ensino a distância exclui justamente os modos da sua apropriação. Não estando presentes no cotidiano dos cursos de formação (inicial) de professores, de modo a sustentar alternativas teórico-metodológicas em condições de produção adequadas, as tecnologias continuam, salvo algumas exceções, como uma novidade para os professores. Assim, não chegam a ser surpreendentes as dificuldades e hesitações verificadas no trabalho com elas. Falta, minimamente, um trabalho sistemático com as relações entre mídia e educação para o dimensionamento da apropriação educacional das tecnologias de informação e de comunicação – TIC.

A aposta nos materiais em si, com o privilégio dos meios em detrimento das mediações, também contribui para afastar a discussão de suposições como a transparência da linguagem. Dos materiais autoinstrucionais é esperada uma clareza meridiana, de modo a não deixar margem a dúvidas. Em nome da mesma ausência de dúvidas, é preciso simplificar o complexo. Este movimento tende a ser repetido nas práticas pedagógicas "presenciais", em que também podem permanecer inalteradas as práticas de linguagem. Por exemplo, depois da exposição a um artefato-ícone da modernidade, podem ser feitas perguntas fechadas e centradas na dimensão descritiva ou factual do visto. O filme ou o *software* posto no lugar da exposição oral ou do livro didático, em um modelo autoritário de comunicação, distante da ação de pôr (algo) em comum. Mais uma forma de modernização conservadora do ensino.

A utilização das tecnologias tem sido bastante diversificada, em função das condições concretas dos contextos específicos e da ausência de um projeto construído coletivamente. Esta necessidade, que não é exclusivamente uma questão brasileira, foi expressa como reivindicação do sindicato nacional dos professores norte-americanos, publicada pela revista *Veja* (5 jun. 1997, p. 17): projetos específicos para a inserção das tecnologias no processo educacional, de modo que não acabassem ensinando apenas como ligar um computador na tomada.

É preciso investir em um projeto de apropriação das tecnologias, no sentido de introduzir diferenças qualitativas no trabalho pedagógico. É preciso construir alternativas para lidar com as tecnologias presentes, escolhidas ou não, no cotidiano da escola. A tática principal, neste jogo de presença e distância, é a aproximação das suas possibilidades e limites, através da discussão das experiências dos

> As tecnologias não são meras ferramentas transparentes; elas não se deixam usar de qualquer modo: são em última análise a materialização da racionalidade de uma certa cultura e de um "modelo global de organização do poder".
> É possível, contudo, uma reconfiguração, se não como estratégia, pelo menos como tática.
> (Martín-Barbero, 1997: 256)

sujeitos com elas e até mesmo da abertura para o lúdico, implicada na ausência do saber específico, sempre que as pessoas não se contentam com o que está previsto nos manuais de instruções.

Como pode ser uma sala de aula?

Reformulando a pergunta, talvez fosse possível avançar mais indagando acerca dos múltiplos espaços/tempos de aprender. Entretanto, o foco aqui está posto nos espaços escolares e, em relação a eles, já é um avanço significativo pensar uma sala de aula que não seja tão delimitada por quatro paredes e pela compartimentação dos conteúdos escolares.

Esta compartimentação acontece, por exemplo, no artigo de Leal (1996), preocupado em evitar que, diante de imagens de Fernando de Noronha, na aula de Geografia, os alunos prestem mais atenção na gaivota que voa ao longe do que nos aspectos físicos da ilha. É importante destacar que as imagens são localizadas em uma disciplina específica (Geografia), restrita aos aspectos físicos, em que a gaivota é vista apenas como fator de dispersão e não como indicador da presença de peixes naquele ecossistema. No caso, a presença de múltiplas linguagens não supera, antes fortalece, as múltiplas restrições impostas ao ensino.

Uma sala de aula pode contar com tecnologias que vão além do quadro de giz, mesmo que professores e alunos ainda não tenham assegurado o direito de uso dos multimeios (Alves, 2000). É preciso garantir a presença de TV, de vídeo, de computador etc. Por um lado, para que a prática escolar não esteja absolutamente distante das demais práticas sociais de alguns dos seus alunos. Por outro, porque a escola pode ser a única possibilidade de acesso de outros muitos ao conjunto destas tecnologias.

De novo, a defesa diz respeito à apropriação das tecnologias e o conceito implica a formulação de questões silenciadas pela adesão ao modismo e à perspectiva do consumo: Tecnologias para quê? Para quem? Em que termos? Em outras palavras, como esta apropriação é dimensionada pelos projetos de educação e de sociedade em que está inscrita, sua presença constitui condição importante, mas não suficiente, para o encaminhamento das complexas questões educacionais a serem enfrentadas.

Revista *Nova Escola* on-line
(E a foto era mais atraente naquele momento...)

Uma sala de aula precisa contar com multimeios e com todos os meios de tornar mais significativo o trabalho pedagógico. Uma sala de aula pode ser o espaço de muitos deslocamentos. Do ponto de vista do arranjo espacial, podem ser suprimidas as fileiras de alunos. Eles

Escola do Futuro
Monitores embutidos para favorecer o contato face a face.
(*Revista Nova Escola on-line*)

podem ficar frente a frente, dispostos em círculos ou semicírculos, ou em outros arranjos que permitam, ainda que não garantam, mudanças nas práticas de linguagem desenvolvidas.

Do ponto de vista dos materiais, é importante que a sua dimensão informativa não exclua a possibilidade da relação prazerosa, do estímulo à curiosidade e da experiência de conviver com a ausência de respostas, prontas e acabadas, para as perguntas suscitadas. Também é importante que os materiais extrapolem os textos escritos, não em nome da atratividade, como um fim em si mesma, mas pela importância do trabalho com textos tecidos pela articulação de múltiplas linguagens. Materiais que favoreçam diferentes leituras, centradas na polissemia, atentas aos diversos sentidos negociados pelos alunos, todos e cada um. Leituras que levem em conta as vozes que ecoam nos textos: a polifonia como possibilidade de compreensão dos lugares do dizer. Como, por exemplo, as "mesmas" notícias em diferentes (tele)jornais. Materiais interativos, no sentido de não circunscritos a situações previsíveis, capazes de sustentar novos modos de interação humana na sala de aula.

O professor não estará mais de pé junto ao quadro de giz, tendo nas mãos o mesmo livro aberto sobre as carteiras dos alunos. Pode estar em meio ao círculo, pode estar observando uma discussão. Mas, sem dúvida, está no centro de todos os deslocamentos, desconfiando dos modelos a serem seguidos, desafiando os padrões estabelecidos, planejando os materiais a serem usados em seguida, avaliando o trabalho em conjunto com os alunos etc. No centro da reconfiguração do seu trabalho, mantém-se atento à matéria a ser trabalhada (nos seus múltiplos sentidos) e aos instrumentos e ferramentas disponíveis para tanto.

O professor da sala de aula possível – como ela pode ser –, não se deixa seduzir apenas pela atratividade das novas tecnologias, nem privilegia somente a interação dos alunos com elas. Tem, como horizonte, a interação maior: a discussão (das informações coletadas e dos processos vividos) para o confronto dos diferentes percursos (individuais), visando à produção (coletiva) de sínteses integradoras que extrapolam conteúdos específicos.

A apropriação educacional das tecnologias da informação e da comunicação requer abertura para as novas subjetividades produzidas na interação com elas (Fischer, 2001), requer abertura para os novos padrões de interação humana em todos os espaços de aprender/ensinar. Justamente porque abrem novas possibilidades para a educação, as novas tecnologias implicam novos desafios para o trabalho docente. E o enfrentamento destes desafios requer, como núcleo, a reflexão sobre as práticas pedagógicas socialmente promovidas.

> Rede: eis a metáfora e a inspiração possível de um novo diagrama curricular. A rede que captura e que ampara, que distribui e abastece, canaliza e entrelaça, transmite e comunica, interliga e acolhe.
> (Ramal, 2002: 186)

Talvez este professor, o da sala de aula que pode ser, pareça utópico. Mas é importante demarcar o seu lugar em construção. É preciso mais do que nunca demarcar o lugar dos sujeitos, impedindo que ele seja ocupado por "um sistema tecnológico [...] cada vez mais barato, acessível e de manuseio mais simples".

Referências bibliográficas

ALVES, N. A formação da professora e o uso da multimeios como direito. In: FILÉ, V. *Batuques, fragmentações e fluxos*. Rio de Janeiro: DP&A, 2000.

BARRETO, R. G. As políticas de formação de professores: novas tecnologias e educação a distância. In: BARRETO, R. G. (Org.). *Tecnologias educacionais e educação a distância*: avaliando políticas e práticas. Rio de Janeiro: Quartet, 2001.

FISCHER, R. M. B. *Televisão e educação:* fruir e pensar a TV. Belo Horizonte: Autêntica, 2001.

FUSARI, M. F. R. Televisão e vídeo na formação de professores de crianças. INTERCOM – *Revista Brasileira de Comunicação*, v. XVII, n. 1, p. 42-57, 1994.

GERALDI, J. W. *Portos de passagem*. São Paulo: Martins Fontes, 1993.

LEAL, B. S. O desafio da imagem. *Presença Pedagógica*, n. 7, p. 15-25, p.15-25, 1996.

LOPES, A. R. C. *Conhecimento escolar:* ciência e cotidiano. Rio de Janeiro: Ed. UERJ, 1999.

MARTÍN-BARBERO, J. *Dos meios às mediações*. Rio de Janeiro: Editora UFRJ, 1997.

_____. Desafios culturais da comunicação à educação. *Comunicação e Educação*, n. 18, p. 51-61, maio/set. 2000.

OLIVEIRA, M. R. N. S. Do mito da tecnologia ao paradigma tecnológico; a mediação tecnológica nas práticas didático-pedagógicas. *Revista Brasileira de Educação*, n. 18, 2001, p. 101-107.

ORLANDI, E. P. *Discurso e leitura*. São Paulo: Cortez/UNICAMP, 1988.

PAPERT, S. *A máquina das crianças:* repensando a escola na era da informática. Porto Alegre: Artes Médicas (Artmed), 1994. p. 9.

PARRA, N. *Ensino individualizado:* programas e materiais. São Paulo: Saraiva, 1978.

PRETTO, N. *Políticas públicas educacionais:* dos materiais didáticos aos multimídias. Trabalho apresentado na REUNIÃO ANUAL DA ANPED, 22. Caxambu, 1999.

RAMAL, A. C. *Educação na cibercultura:* hipertextualidade, leitura, escrita e aprendizagem. Porto Alegre: Artmed, 2002.

SANTOS, B. S. Economia de cassino. *Folha de S.Paulo*, Folha Dinheiro, 15 mar. 1998.

As demais temáticas da série

Volume 3

Práticas de memória docente,
através da escrita cotidiana
*organizadoras: Ana Chrystina Mignot
e Maria Teresa Santos Cunha*

Volume 4

Experiências locais de propostas alternativas
emancipatórias em currículo
organizadora: Inês Barbosa de Oliveira

Volume 5

Currículo e avaliação
organizadora: Maria Teresa Esteban

Volume 6

Análise de diretrizes curriculares nacionais
e propostas oficiais locais de currículo
*organizadoras: Alice Casimiro
e Elizabeth Macedo*

Volume 7

Currículo e formação de professores
organizador: Carlos Eduardo Ferraço

Volume 8

Currículo e educação ambiental
organizador: Marcos Reigota

LEIA TAMBÉM

SÉRIE CULTURA, MEMÓRIA E CURRÍCULO   1

Criar currículo no cotidiano

Elizabeth Macedo
Inês Barbosa de Oliveira
Luiz Carlos Manhães
Nilda Alves (organizadora)

CORTEZ EDITORA